Rubrique :

Les pouvoirs de l'esprit

Titre :

Obtenez Tout Par l'Univers N°2

Amour, argent, santé

Auteur :

Fred STANFORD

Collection :

« Les secrets incroyables, mais vrais »

Tous les droits de traduction, de reproduction et d'adaptation sont réservés pour tous les pays.

L'éditeur et l'auteur ne garantissent ni ne revendiquent l'exactitude, le caractère applicable et approprié ou l'exhaustivité du contenu de ce livre. L'éditeur et l'auteur déclinent toute responsabilité, expresse ou implicite, qu'elle qu'elle soit.

L'utilisation et la pratique des techniques énoncés sont sous l'entière responsabilité du lecteur.

Pour une application correcte nous vous conseillons de vous rapprocher d'un professionnel maîtrisant parfaitement le (ou les) processus. Dans le cas d'une pathologie vous devez suivre les conseils et les prescriptions de votre médecin et de votre pharmacien.

Menu et révision en fin de livre

Sous le numéro de repère : 231

Suite aux numèros de repère vous trouverez les débuts de chapitres, les informations inportantes et les phrases à retenir pour votre évolution.

De sorte qu'en relisant uniquement le menu vous faite une révision des points essentiels en plus de les repérer dans le livre.

```
------

----------------------------

------
```

Seule la pratique vous rendra libre

Ces informations peuvent transformer votre vie à condition d'appliquer chaque jour les secrets que vous allez y découvrir.

Ce n'est pas en sachant comment nager mais en pratiquant la natation que vous devenez un bon nageur.

Ce n'est pas en sachant comment manger mais en mangeant que vous nourrissez votre corps.

Ce n'est pas en sachant comment séduire mais en séduisant que vous attirez l'âme soeur.

La maitrise d'une discipline se fait uniquement par la pratique.

Ici aussi, les secrets en eux-mêmes ne servent à rien, c'est la pratique de ces secrets qui vous rendra libre.

Je vous souhaite une bonne lecture

et surtout une bonne pratique :-)

Fred Stanford

```
------

----------------------------

------
```

1 Comment profiter de ces secrets ?

Pour profiter pleinement de ces enseignements, il est important de bien connaître les lois universelles sans lesquelles il manquera des pièces au puzzle de votre compréhension. Pour que cela soit une évidence et que vous puissiez parfaitement comprendre et appliquer toutes les informations et les techniques expliquées ici nous vous conseillons le livre qui résume les lois universelles et bien d'autres vérités indispensables à une vie heureuse :

« Obtenez tout par la pensée N°1 »

Vous trouverez ce livre sur Amazon sous le lien suivant :

« Obtenez tout par la pensée N°1 » => http://www.amazon.fr/dp/B00AD5O9CC

Avec « Obtenez tout par la pensée N°1», vous accédez aux premiers barreaux d'une échelle. Si vous n'avez pas atteint cette première étape, il vous sera difficile d'accéder aux barreaux supérieurs. En mettant en pratique les techniques d'« Obtenez tout par la pensée N°1 » vous obtenez tout ce que vous désirez être, faire et avoir, consciemment.

C'est vous, avec votre ego, qui choisissez la somme d'argent que vous voulez, la voiture qui vous fait plaisir, la maison de vos rêves, le conjoint que vous souhaitez, tout vous arrive comme vous l'aviez imaginé ou même mieux que cela. Vous prenez conscience de l'immense « pouvoir conscient » qui est en vous. Une fois cette étape accomplie, une nouvelle étape vous attend. Cette évolution c'est la découverte du « non-pouvoir inconscient » qui à la particularité d'être parfait et éternel contrairement à votre « pouvoir conscient » qui lui est imparfait et temporaire. C'est ce que vous allez découvrir dans « Obtenez tout par l'univers N°2 » qui est la suite logique d'« Obtenez tout par la pensée N°1 ». L'un va avec l'autre.

Et celui qui détient ces deux livres a accès aux vérités qui le rendront libre et heureux. Car votre véritable mission de vie est le bonheur et non pas la possession. Mais vous devez apprendre à obtenir tout ce que vous désirez pour vous rendre compte que ce n'est pas l'essentiel. Vous avez le droit à tout, à certaines conditions. Et c'est justement lorsque vous aurez fait l'expérience de « tout obtenir par la pensée » que vous comprendrez l'intérêt de « tout obtenir par l'univers ».

Vos possibilités d'évolution sont illimitées. Mais pour qu'elle se passe dans les meilleures conditions vous devez suivre un chemin progressif qui vous donne les clefs pour ouvrir les portes de la connaissance dans le bon ordre. C'est ce qui se passe en étudiant d'abord « Obtenez tout par la pensée N°1 » et ensuite « Obtenez tout par l'univers N°2 ». Vous découvrez vos multiples possibilités de « Pouvoir » et de « Non-Pouvoir » qui forment le

TOUT. Le TOUT vous faisant comprendre le fonctionnement de l'univers.

2 Bienvenue dans la découverte des secrets les mieux gardés de tous les temps

3 Méthode d'apprentissage et de mise en pratique

Cet ouvrage est un livre pratique. Comme son nom l'indique, l'essentiel de sa mission est de vous de faire pratiquer une méthode vous permettant de changer positivement votre vie. Le style est volontairement simple pour que tout un chacun puisse comprendre le sujet. Il est également très concentré pour vous permettre de le lire de nombreuses fois.

Vous constaterez de nombreuses répétitions sous différentes formes. Ceci pour imprimer en vous un automatisme, car ce n'est pas le savoir qui est important, mais la pratique du savoir. Aussi, mieux vaut pratiquer une seule technique souvent que d'en apprendre beaucoup sans jamais les pratiquer. Le but est de faire de vous un praticien qui accède à la liberté, non un théoricien avec un savoir inusité.

Vous devez savoir que ce livre comme celui concernant les lois universelles « Obtenez tout par la pensée N°1 » à la particularité d'avoir plus d'une centaine de niveaux de compréhension. Ce qui veut dire qu'en appliquant les techniques qui y sont dévoilées et en le relisant par la suite vous allez découvrir de nouvelles informations comme si ce livre avait été modifié entre-temps. Incroyable, mais vrai ! Lisez de nombreuses fois ce livre en pratiquant chaque technique et vous accéderez à une nouvelle dimension vous permettant d'évoluer à une vitesse au-delà de tout ce que vous auriez pu imaginer.

4 La méthode d'étude est celle-ci :

- Lisez le livre en entier pour vous faire plaisir

- Relisez le livre jusqu'à la première information

- Pratiquer le savoir de cette première information

- Lisez jusqu'à la seconde information

- Pratiquez le savoir de la seconde information

- Etc. jusqu'à la fin.

Quelque temps plus tard, après avoir pratiqué les savoirs contenus dans ce livre, recommencez l'opération :

- Lisez

- Pratiquez

- Lisez

- Pratiquez

- Etc.

Et découvrez la magie des niveaux de compréhension à mesure que vous atteignez, par la pratique, des niveaux de conscience supérieurs.

5 Bienvenue dans le monde d'apprentissage des Maîtres !

Le véritable Maître est en vous, je ne suis qu'un messager.

Permettez-moi d'être votre guide vous indiquant le moyen d'atteindre vos objectifs, mais c'est à vous d'arpenter le chemin qui vous y mène.

Bonne lecture et bonnes découvertes.

Fred Stanford

Avant de rentrer dans le vif du sujet vous devez toucher du doigt à quoi peuvent bien servir les secrets dévoilés dans les pages suivantes. Le plus simple est de vous narrer quelques exemples de ce qu'il vous est possible d'accomplir. Voici, au travers de divers témoignages, ce qu'ont réalisé ceux qui ont su mettre en pratique les techniques de cet ouvrage.

6 Témoignages d'utilisateurs de ces secrets :

7 Une soirée barbecue sauvée de l'orage de grêle

En pratiquant quotidiennement une des techniques enseignées dans les pages suivantes, quelque chose de plus grand que vous, vous protège des aléas de la vie.

Voyez comment un couple sauve une soirée

barbecue d'un orage de grêle. Alors que le beau temps était annoncé, ils décident d'inviter quatre amis à un barbecue dans leur jardin. Étrangement, les quatre amis annulent le jour même du repas. Certains pour raison professionnelle, d'autres pour des raisons de travaux, etc. Ce qui n'avait rien à voir avec la météo. À l'heure prévue de la fête, un terrible orage de grêle s'abat sans prévenir sur l'emplacement dédié au barbecue heureusement annulé. La technique a évité une soirée gâchée ce jour-là. Quelques jours plus tard, les invitations furent rééditées et la fête fut cette fois réussie par grand beau temps.

8 Une panne de portail automatique résolue comme par enchantement

Alors qu'il va à son entraînement, un sportif constate qu'un portail automatique pour accéder à la route ne fonctionne plus. Étant pressé par le temps il décide de prendre une autre sortie en attendant de revenir voir la cause de la panne. Cette personne ayant eu les informations que vous allez découvrir utilise la technique pour que la solution de cette panne vienne à lui. Peu de temps après, avant même qu'il prenne le temps de sortir sa boîte à outils pour démonter le mécanisme du portail automatique, le téléphone retentit. Une de ses voisines l'informe d'une panne de courant dans le secteur. Cette réponse à sa demande le dirigea naturellement vers un boîtier électrique sans même avoir eu à s'occuper du portail. Effectivement, un contacteur avait semble-t-il grillé lors d'un orage ce qui avait pour effet de ne plus alimenter le moteur du portail en électricité. Le jeune homme utilisa de nouveau la technique pour effacer en lui ce qui crée le problème. Quelque temps plus tard tout était rentré dans l'ordre sans l'intervention d'un technicien. Merci l'univers !

9 Des gains inattendus arrivent aux meilleurs moments

Un chef d'entreprise voyant son activité en baisse décida de pratiquer une des méthodes de ce livre pour rétablir la situation. Alors qu'il ne s'y attendait pas et au plus bas de ses revenus un chèque de plusieurs milliers d'euros arrive d'une société qui lui devait de l'argent depuis plus d'un an.

L'univers a répondu à sa demande par l'arrivée d'une somme d'argent dont il n'avait absolument plus conscience. Mais sa partie inconsciente, se souvenant de tout, a fait le nécessaire pour arranger sa situation.

10 Il se protégé d'une mauvaise affaire qui fait faillite

Un commercial, qui avait fait un investissement important dans une compagnie avec de gros bénéfices à la clef, en fit la promotion auprès d'un de ses amis en insistant pour qu'il profite de cette bonne affaire. L'ami en question étant initié à ce que vous allez étudier utilisa une des techniques pour être protégé des mauvaises affaires. Lorsque, pressé par son camarade, un transfert bancaire fut organisé vers la société d'investissement, celui-ci ne se réalise pas malgré plusieurs tentatives. Quelque temps plus tard cet investissement se révélait être mauvais. Le commercial perdit ses intérêts et sa mise de fonds, alors que notre homme fut protégé par ses transferts inaboutis.

11 Ils profitent de vacances plus longues et moins coûteuses

Alors qu'il est sur le point de valider une réservation sur un ferry pour passer des vacances sur une île, un jeune homme pratiquant régulièrement les exercices décrits dans cet ouvrage se met en discussion par téléphone avec un ami.

Lorsque l'homme décide de valider sa réservation, il n'y a déjà plus de place le temps de la conversation téléphonique. Quelques jour plus tard le garçon réitérait sa tentative de réservation avec une autre période qui cette fois-ci est bien validée.

La conclusion fut qu'il paya prés de trois fois moins cher pour une période plus longue et que les amis chez qui il se rendait n'auraient pas pu l'accueillir dans de bonnes conditions à la première tentative, car ils étaient en travaux. La nouvelle période était idéale au niveau des températures, de la circulation routière et un spa tout neuf l'attendait chez ses amis. De plus, cela lui permit de profiter d'une autre invitation sur un bateau et un festival réputé de danse de tous pays qu'il n'aurait pu honorer s'il était parti la première fois. L'univers organise vos vacances mieux qu'une agence de voyages si vous savez vous y prendre.

12 L'univers lui attire une maison à la campagne et paye ses factures

Une charmante jeune femme se retrouve seule avec son enfant après un divorce. Elle vit dans un petit appartement en ville et ses fins de mois sont difficiles. Après avoir assisté à une de mes conférences, elle me contacta, par l'intermédiaire d'une amie, pour en savoir plus. Depuis sa vie à complètement changé.

Alors qu'elle était sans le sou, elle a réussi à déménager dans une maison plus grande à la campagne et il lui semble que l'univers paye ses factures. Son expression favorite depuis est : j'ai toujours un billet pour en pousser un autre.

13 Elle sort d'une dépression en comprenant le fonctionnement de l'univers

Une infirmière en dépression depuis plus d'un an, qui lui a valu des séjours en clinique spécialisée, découvre le fonctionnement de l'univers et décide d'utiliser ce savoir pour se sentir mieux.

En pratiquant les méthodes qui vous attendent ci-dessous, son état s'améliore de mois en mois jusqu'à trouver la vie belle. Elle fait désormais régulièrement des sorties entre amis, a retrouvé un ancien amoureux et la joie est devenue son quotidien.

14 Elle arrête de fumer en quelques jours

Pour se débarrasser d'une dépendance à la cigarette, une commerçante ambulante a eu recours à la force du « non-pouvoir » et ne ressentit plus le besoin de fumer en seulement quelques jours. Elle a pris conscience qu'elle pouvait tout obtenir depuis son monde intérieur.

15 Il évite de se retrouver à la rue et une opportunité financière se présente à lui

À la suite de difficultés financières un chef d'entreprise est contraint de laisser son appartement sous quelques mois, risquant de se retrouver à la rue. Après avoir suivi les enseignements que je vous propose de découvrir, il se voit offrir l'hospitalité gratuite chez un ami qui lui laisse un appartement. Quelque temps plus tard une opportunité financière importante se présente à lui sans qu'il ait besoin de débourser un seul centime.

16 Il passe de la colère à la bienveillance en quelques minutes

Un jeune homme venait d'envoyer un message très négatif sur un forum à un concurrent. Le voyant très en colère je décidais d'appliquer une des techniques pour adoucir cette situation qui manifestement le faisait souffrir. En fin de soirée, alors que j'avais déjà oublié le traitement que j'avais effectué, le jeune homme me dit : « J'ai effacé le message avant même que la personne ne le lise, car tout ceci n'est pas si grave que cela finalement ».

La mémoire effacée en moi a effacé également la colère de mon ami qui est revenu à une attitude bienveillante concernant son concurrent.

17 Sa maison est épargnée par un cyclone

En utilisant une des techniques enseignées dans ce livre ainsi que dans « Obtenez tout par la pensée N°1 » un jeune homme a protégé d'un cyclone l'habitation dans laquelle il séjournait.

Alors que toutes les maisons environnantes ont été dévastées ou traversées par des coulées de boue, la sienne de subit aucun dommage.

Votre « non-pouvoir » intérieur permet de faire des « miracles » si vous savez contacter la puissance qui est en vous.

18 Elle fait la pluie et lui le beau temps

Un couple qui avaient tous les deux la maîtrise de ce que vous allez découvrir au fil de ces pages firent la pluie et le beau temps à tour de rôle ce qui leur permit de constater à quel point les lois universelles sont précises.

Pendant que madame attirait la pluie, monsieur la faisait stopper. Ainsi eurent-ils dix minutes de pluie suivies de dix minutes de temps sec et cela toute une soirée à tour de rôle. Ils ont fait la démonstration de la puissance de l'univers qui répond à nos demandes sur des éléments aussi incroyables à maîtriser en apparence que la pluie et le beau temps.

Si vous doutez que cela puisse être possible regardez le film documentaire, « Les chèvres du pentagone » qui est l'histoire vrai de Len Cassidy joué par George Clooney, un soldat de l'armée américaine qui utilise ses pouvoirs paranormaux.

19 Cela ressemble à de la magie, mais ce n'en est pas

Lors d'une soirée, une personne qui voulait montrer ce qu'il était possible de faire en utilisant les pouvoirs de l'esprit, demanda aux convives entourant la table s'ils préféraient que la cuillère qu'il tenait entre les doigts soit pliée ou cassée. Un des participants lui demanda qu'elle soit pliée.

Dans l'instant où il lâcha la cuillère sur la table elle prit la forme d'un S parfait, impossible à réaliser autrement qu'avec une presse et au risque de la briser. L'expérience fut réalisée de nouveau avec une autre cuillère qui fut cassée en deux morceaux en une fraction de seconde sous les yeux émerveillés des personnes présentes.

Pour corroborer ce témoignage, regardez le film « Next » avec Nicolas Cage où l'on vous explique que parfois des personnes qui ont de véritables dons les font passer pour de la magie et ainsi en vivent en faisant des spectacles. Regardez également l'histoire de Uri Geller qui dans les années 1970 pliait des cuillères par la force de l'esprit lors d'émissions de télévision vues par des millions de personnes.

Il est normal qu'il y ait des détracteurs à chaque fois que des personnes font état de pouvoirs paranormaux. Le seul moyen de savoir si cela est vrai est d'expérimenter par sois-même non d'émettre des opinions comme le font les "critiques".

20 Une tempête est déplacée de près de 1 000 kilomètres

Informé d'une tempête imminente un l'homme utilisa un des principes universels pour faire en sorte que cette tempête n'ait pas lieu. Effectivement, malgré l'annonce de la tempête quelques heures plus tard, celle-ci fit place à une superbe journée d'été avec 35° et aucun souffle de vent à l'étonnement général.

Ce jour-là, le jeune homme a peut-être sauvé la vie de nombreuses personnes au vu du nombre de participants dans les rues pendant un festival. La tempête eut malgré tout lieu, mais à près de 1 000 kilomètres de là.

21 Le chat sauvage qui devient beau et en santé

Une jeune femme a pratiqué une des techniques ci-dessous pour apporter la santé en quelques semaines à un chat qui avait une maladie de peau depuis plus d'un an. Sa peau devint plus saine, son poil plus brillant et son attitude plus calme et sereine.

22 Elle attire plusieurs acheteurs pour sa maison

Après avoir expliqué les principes universels à une amie qui n'arrivait pas à vendre sa maison depuis des années, celle-ci se retrouva avec trois propositions en l'espace de quelques visites seulement. Elle laissa faire son « inconscient » qui trouva l'acheteur idéal. De plus, elle vendit sa maison 50 000 € de plus que ce qu'elle avait espéré à l'origine.

23 Il fait fuir le voleur à distance

Un chef de chantier se réveille en pleine nuit en sentant qu'il y avait un problème sur le lieu de travail dont il est responsable. Se souvenant d'une des méthodes que vous allez découvrir, il l'utilise immédiatement pour protéger à distance son chantier. Le lendemain, il constate que cela a fait fuir un voleur qui a tout laissé sur place.

----

24 Comprendre l'évolution pour comprendre qui vous êtes

Votre histoire commence dans le néant dans lequel vous êtes uniquement la conscience d'être. Il n'existe ni galaxie, ni soleil, ni planète, ni végétaux, ni animaux, ni être humain, rien à part cette conscience dont vous avez conscience d'être.

Cette conscience d'être vous octroie trois pouvoirs :

L'omniscience qui est la capacité de tout savoir sur tout, l'omniprésence qui est la capacité d'être partout et en tout temps, et l'omnipotence qui est la capacité d'avoir tout pouvoir sur tout.

Comme vous vous sentez seul et puisque vous avez ces capacités, vous vous dites que vous pourriez créer tout ce que vous désirez pour faire une multitude d'expériences.

25 Vous êtes le créateur de tout ce qui EST

Vous commencez donc à créer la lumière, les sons et tout ce qui permet de transmettre l'information.

Ensuite, vous décidez de créer les étoiles, les galaxies, les planètes et tout ce qui constitue le monde minéral.

Pour continuer votre création, vous y ajoutez les plantes, les arbres et tout ce qui constitue le monde végétal.

Vous animez votre tableau de création avec des animaux marins, des animaux terrestres, ceux qui vont dans les airs et tout ce qui constitue le monde animal.

Pour parfaire votre création, vous y ajoutez les hommes, les femmes et tout ce qui constitue le monde humain.

Nous allons en rester là au sujet de ce que vous avez créé, mais dans les faits nous devrions ajouter « le tout ». Et dans « le tout » il existe peut-être les extraterrestres, les intraterrestres, les mondes parallèles et autres dimensions, mais ceci sera développé par ailleurs.

26 D'où venez-vous, qui êtes-vous, où allez-vous ?

Ce qui vous intéresse présentement est de comprendre d'où vous venez, qui vous êtes et où vous allez. Puis de savoir si vous pouvez avoir une influence sur votre destinée.

S'il est possible d'avoir une telle influence, nous verrons comment procéder pour vivre dans les meilleures conditions de santé, de paix de l'esprit, d'amour et d'abondance.

Revenons à ce que vous étiez en train de faire précédemment. Vous étiez en pleine création de tout ce qui existe. Seulement, il y a un élément essentiel à la compréhension de votre aptitude à changer tout ce que vous désirez dans la vie.

Cet élément est le suivant. Nous avons vu qu'au départ seule votre conscience existait dans le néant et que vous avez créé à partir de cette conscience. Ce qui veut dire que lorsque vous avez créé une étoile vous l'avez créée à partir de vous « la conscience » puisqu'il n'y avait rien d'autre. Cette étoile est donc une partie de vous. C'est comme si vous preniez un de vos membres, un bras par exemple, pour créer une étoile, un autre membre comme une de vos jambes, pour créer les végétaux, encore un autre membre pour créer les animaux et encore une partie de vous pour créer les humains, etc.

27 Le voile de l'ego vous empêche de vous reconnaître en tout ce qui EST

Lorsque vous avez créé tout ce qui EST, vous avez pris soin d'intercaler entre chaque création un voile que l'on nomme chez les humains, le voile de l'ego. Ce voile crée une illusion de séparation entre les choses et les êtres sinon vous vous reconnaîtriez en tant que rocher, arbre, chien, les autres humains et tout ce qui EST.

----

28 Votre conscient et votre inconscient forment le TOUT

Ce que nous sommes en train de vous expliquer est qu'étant donné que vous êtes celui « qui lit ces lignes », vous avez créé l'intégralité de votre monde à partir de votre esprit conscient et inconscient. Il y a donc une partie de vous dans chaque création.

Tout ce que vous voyez, entendez, goutez, sentez et touchez est toujours une partie de vous, mais dont vous n'avez pas conscience en tant qu'individualité.

C'est une illusion de penser que ce que vous percevez par l'un de vos cinq sens est différent de vous. C'est toujours vous, mais avec une autre forme et un autre point de vue. Nous sommes une seule et même conscience qui vit sept milliards d'expériences humaines différentes.

Ce que vous pensez être vous, votre corps physique limité avec ses cinq sens, est la partie consciente de votre esprit. Et tout le reste, tout ce qui vous semble être séparé de vous : les autres personnes, les animaux, les végétaux, les minéraux, etc. forment la partie inconsciente de votre être. Si vous rassemblez votre partie consciente et votre partie inconsciente, cela donne « LE TOUT ». Raison pour laquelle vous trouvez régulièrement dans les textes anciens cette phrase : Nous sommes tous UN !

29 Nous sommes tous reliés les uns aux autres

Ce qui vous semble être une séparation entre

vous et tout ce que vous pouvez voir, entendre, goûter, sentir et toucher n'est en fait qu'une illusion. C'est la raison pour laquelle vous pouvez avoir une influence sur ce qui semble être votre monde extérieur comme le font par exemple :

Les magnétiseurs qui transmettent de l'énergie magnétique.

Les coupeurs de feu qui ont une influence sur la douleur des brûlés.

Les télépathes qui peuvent communiquer quelle que soit la distance entre eux.

Les kinesthésiques qui peuvent déplacer des objets à distance.

Les voyants qui perçoivent ce qui est en train de se créer dans le monde subtil.

30 La voyance est le ressenti de l'énergie en cours de création

Voici une petite parenthèse au sujet des voyants, car beaucoup de personnes peuvent être sceptiques à leur sujet, leurs prédictions ne se réalisant pas toujours. Pour le comprendre, il faut simplement appréhender ce qu'ils perçoivent.

Pour ce faire, nous allons éliminer les faux voyants qui n'ont pas développé leurs aptitudes et n'utilisent cette activité qu'à des fins lucratives. Nous abordons ici seulement les personnes sérieuses qui ont développé, par la pratique, de véritables capacités à percevoir ce qui se passe dans le monde de l'invisible.

Lorsque vous posez une question du style : « Vais-je réussir mon examen ? » Le voyant ne peut détecter que ce que vous êtes en train de créer dans le monde de l'astral. Il perçoit des vibrations et vous transmet son ressenti.

Si dans l'astral vous avez créé à 80 % la réalisation de votre désir, il va certainement vous dire que cela va se réaliser. Mais si une fois qu'il vous a dit cela, vous arrêtez vos révisions en vous disant que « c'est dans la poche » vous n'allez pas fournir les 20 % d'énergie nécessaire à la réalisation complète de votre objectif.

Et de 80 % vous allez passer à 70 % puis 60 %, etc. jusqu'à ce que l'énergie concernant ce projet disparaisse totalement de votre astral ce qui aura pour conséquences que si vous posez de nouveau la question au voyant quelque temps plus tard il vous répondra que vous n'allez pas avoir votre examen. Non pas parce que vous n'allez pas l'avoir, mais parce qu'il ne voit pas dans votre astral l'énergie nécessaire à la création de votre examen.

31 Vous devez fournir 100 % de l'énergie nécessaire pour que votre création se manifeste

Les prédictions d'un voyant ne peuvent se confirmer que si entre la prédiction et la réalisation l'énergie nécessaire pour la matérialisation est toujours fournie jusqu'à 100 %. Si entre-temps vous ne fournissez plus l'énergie nécessaire, en changeant votre façon de penser ou en pensant à l'inverse, obligatoirement le résultat changera également puisque, en tant que créateur à 100 % de votre destinée, l'énergie va où vous posez votre conscience. En changeant ce sur quoi vous vous concentrez, dans l'instant présent, vous changez votre futur.

Donc si une prédiction ne se réalise pas ce n'est pas obligatoirement que le voyant n'a pas perçu ce qui allait arriver (sauf si c'est un charlatan), mais que vous avez entre temps arrêté de fournir suffisamment d'énergie pour que la réalisation arrive à son terme.

La bonne nouvelle est que si l'on vous prédit une mauvaise expérience, que vous êtes donc en train de créer dans le monde de l'astral de façon consciente ou non, ne vous dites pas que c'est inéluctable, mais au contraire que, comme vous êtes le créateur à 100 % de tout ce qui vous arrive, vous pouvez changer la donne en changeant votre façon de penser.

Exemple : Si l'on vous a prédit un accident, c'est sans doute que vous avez peur des accidents (la peur de quelque chose attire ce dont vous avez peur). Pour que cela n'arrive pas, dites-vous chaque jour et en prenant votre véhicule « J'ai l'intention de rouler en toute sécurité, véhicule et passagers compris ».

De cette façon en imprégnant ce message dans votre subconscient vous allez changer la peur qui attire l'accident en confiance qui vous en protège. L'énergie ira vers ce quoi vous portez dorénavant votre conscience « la sécurité » et vos déplacements se feront sans encombre.

Le voyant avait donc vu juste, mais vous avez réagi en réorientant ce vers quoi vous portez votre conscience et ainsi vous changez votre futur.

Cette façon de faire intervenir votre énergie s'applique également à tout ce qui EST*.

*Tout ce qui EST = Monde minéral, végétal, animal, humain, le monde de l'invisible, autres dimensions, etc. En dehors de tout ce qui EST, il n'y a rien.

32 Trouvez le guide en vous

Lorsque vous allez voir un voyant, c'est souvent parce que vous ne savez pas quelle décision prendre pour avoir un bel avenir. Vous avez peur de vous tromper de carrière, de conjoint, etc.

Sans faire de vous un véritable expert, nous allons voir comment vous pouvez devenir votre propre conseiller pour prendre les bonnes décisions. Vous devez utiliser la guidance qui est en vous sous forme de ressenti.

Pour simplifier, nous allons dire qu'il n'existe que deux émotions principales. Lorsque vous vous sentez bien et lorsque vous vous sentez mal. Devant une prise de décision déterminez comment vous vous sentez :

Si vous vous sentez bien cela veut dire :

Va y c'est la bonne décision !

Si vous vous sentez mal, cela signifie :

Ne le fais pas !

Par cette méthode, vous n'utilisez pas votre côté gauche du cerveau raisonnement (limité), mais votre côté droit émotionnel (illimité) qui sait tout sur tout.

Cette méthode extrêmement simple est aussi incroyablement puissante. N'hésitez pas à l'utiliser quotidiennement pour savoir si vous devez signer un contrat, partir en vacances, aller à une soirée, manger dans ce restaurant, etc. Et suivez les conseils de votre maître intérieur* qui ne souhaite que votre bonheur !

* Votre maître intérieur : C'est-à-dire votre partie inconsciente illimitée qui a accès à tout ce qui EST. Elle utilise un langage émotionnel pour faire passer un message.

33 Le monde intermédiaire entre vos pensées et vos expériences

Il existe un monde subtil entre le monde de vos pensées (celui de votre imagination) et celui de vos expériences (celui que vous considérez comme votre réalité).

Pour bien comprendre comment vous créez votre réalité, imaginez ce monde intermédiaire comme une usine où vous pouvez passer des commandes.

À chaque fois que vous pensez et que vous émettez une émotion, cela revient à passer la commande de ce à quoi vous pensez. Mais pour que la commande vous parvienne, il faut d'abord que l'usine fabrique ce que vous avez demandé. Pour cela, elle doit avoir suffisamment d'énergie pour la fabrication.

Cette énergie va dépendre de comment vous vous sentez. En vous sentant bien l'usine reçoit de l'énergie positive pour créer des commandes positives. En vous sentant mal, l'usine reçoit de l'énergie négative pour créer des commandes négatives. Pour qu'une fabrication arrive à son terme l'usine doit recevoir toute l'énergie nécessaire et c'est uniquement votre état d'être qui va permettre que 100 % de l'énergie utile arrive à l'usine.

En cours de fabrication d'une commande positive, qui en est à 80 %, si vous changez d'un état de bien-être à un état de mal-être, la fabrication de la commande positive s'arrête et une autre commande négative peut être fabriquée.

De plus, sans nouvel état de bien-être la commande positive qui était à 80 % de réalisation peut décroître au fil du temps de 80 % à 70 % puis

60 %, etc. jusqu'à disparaître complètement ce qui aura pour effet que celle-ci ne sera jamais livrée dans votre expérience.

Le même processus s'applique à une commande négative qui sera annulée si vous passez d'un état de mal-être à un état de bien-être suffisamment longtemps.

34 Pour changer votre avenir, changez votre état d'être

Vous avez ici un des plus grands secrets qui, si vous savez le mettre en pratique, vous permet de décider ce que vous désirez voir apparaître ou annuler avant même que cela ne se matérialise dans votre expérience.

Appliquez les principes fondamentaux suivants :

- En vous sentant bien ceci alimente l'usine pour la fabrication des commandes positives.

- En vous sentant mal, ceci alimente l'usine pour la fabrication des commandes négatives.

- Pour qu'une commande arrive dans votre expérience, elle doit avoir reçu les 100 % d'énergie de la même polarité que la commande (positive ou négative).

- Si vous cessez d'envoyer de l'énergie de la même polarité que la commande (positive ou négative) à l'usine, en changeant votre état d'être, la fabrication cesse et peut être annulée.

Plus aucune prédiction ne sera désormais inéluctable, car c'est vous qui décidez du type d'énergie que fournissez à l'usine en fonction de votre état d'être.

Vous pouvez changer votre futur aussi facilement que vous changez d'humeur

35 Offrez du bonheur à la vie et vous vivrez dans le bonheur. Fred Stanford

36 Nous sommes une conscience vivant sept milliards d'expériences humaines différentes

Vous pensez peut-être que nous sommes sept milliards d'individus dans un univers alors que c'est l'inverse nous sommes une seule et même conscience dans sept milliards d'univers.

Nous pouvons aussi le dire autrement :

Nous sommes une conscience vivant sept milliards d'expériences humaines différentes

Ce qui veut également dire que toutes les personnes que vous rencontrez, voyez à la télévision ou dont vous entendez parler d'une manière ou d'une autre c'est toujours vous. Mais étant donné que lorsque vous avez créé tous ces êtres, vous avez placé le voile de l'ego entre tout ce qui est, chacun se croyant ainsi une individualité séparée du reste du monde. Individu vient du latin Divisio (division).

Individu veut donc dire « qui ne peut être divisé ».

37 Nous sommes tous UN

Ceci vous expliquera sans doute pourquoi au plan universel si vous faites du bien à une personne vous vous faites du bien en retour et si vous faites du mal à une personne vous vous faites du mal en retour.

À chaque fois que vous avez une pensée, parole ou action envers une autre personne c'est en fait envers vous-même que vous l'avez, car, une nouvelle fois, nous sommes tous UN.

Les textes anciens nous ont prévenus :

38 Ne fais pas aux autres ce que tu n'aimerais pas que l'on te fasse.

Dit autrement :

39 Fais aux autres ce que tu aimerais qu'ils te fassent.

40 Pourquoi aimer nos ennemis comme nous-mêmes ?

Sans l'explication qui précède, peu d'individualités appliquent ces vérités, car elles ne comprennent pas comment nous pouvons nous faire du mal en faisant du mal aux autres. L'illusion de la séparation leur fait croire que le reste du monde n'est pas elles et c'est là qu'elles se trompent au plus haut point.

La recommandation : « Aime ton ennemi comme toi-même » prend alors tout son sens si l'on comprend que l'autre c'est nous.

Entendez bien cela, que ce soit un ami ou un ennemi, dans tous les cas, ce que vous lui ferez vous reviendra. Étant donné que nous sommes naturellement plus agréables avec un ami et plus désagréables avec un ennemi, il est évident que notre effort doit être de mieux considérer nos ennemis afin d'éviter tout retour négatif.

41 Votre pire ennemi est votre EGO

Il existe également une chose très importante à comprendre pour améliorer votre vie. Votre pire ennemi est « VOUS-MÊME » ou plus précisément « VOTRE EGO* ».

C'est à cause de votre ego que vous réagissez aux événements extérieurs au lieu de lâcher prise**.

*Ego = vous vous croyez séparé de autres, c'est le coté gauche du cerveau : le raisonnement, le conscient

**Lâcher-prise = attitude qui consiste à s'en remettre à l'autre partie de vous-même, le coté droit du cerveau : l'intuitif, connecté au TOUT, l'inconscient

42 L'illusion du mal pour mieux apprécier le bien

À cause de ce voile de l'ego, l'humanité a fait l'expérience de la séparation d'avec la source. La source est le côté parfait de tout ce qui est. Faire l'expérience de la séparation c'est côtoyer tout ce qui n'est pas parfait lors d'une illusion.

C'est ce qu'on appelle la dichotomie divine. La dichotomie divine permet de faire l'expérience illusoire du mal pour mieux apprécier la vérité du bien. De la même manière, vous apprécierez beaucoup plus les expériences positives en ayant fait les expériences négatives illusoires de leur inverse :

Faire l'expérience illusoire de la maladie pour mieux apprécier la santé du corps.

Faire l'expérience illusoire du tourment pour mieux apprécier la paix de l'esprit.

Faire l'expérience illusoire de la pauvreté pour mieux apprécier la prospérité.

Faire l'expérience illusoire de la haine pour mieux apprécier l'amour.

C'est souvent lors d'une maladie que nous prenons conscience de la valeur de la santé. Une personne qui fume, boit ou se drogue prend le plus souvent conscience de l'importance de la santé lorsqu'elle l'a perdue. Elle ne se rendait pas compte de la valeur de sa santé pendant tout le temps où elle polluait son corps sans avoir encore les effets négatifs de cette pollution.

43 Vos mémoires sont comme des programmes

Partant de cette dichotomie vous avez fait une

multitude d'expériences depuis la nuit des temps. Au cours de toutes vos vies, vous avez accumulé une quantité phénoménale de mémoires qui sont logées dans votre subconscient. Ces mémoires peuvent être comparées à des programmes qui sont activés par des stimuli.

Exemple : À l'âge de dix ans, vous vous êtes fait mordre par un chien juste après avoir ouvert un portail dont l'ouverture produisait un bruit de grincement.

Le choc émotionnel produit par l'attaque du chien est associé à l'ouverture d'un portail et à un grincement. Le tout est « gravé » dans votre subconscient en tant que mémoire.

De sorte que chaque fois que vous ouvrez un portail qui grince cela stimule la mémoire associée à l'attaque du chien. La peur s'empare alors de vous de façon automatique et subconsciente, et cela se produit même s'il n'y a aucun chien.

44 Vos mémoires couvrent votre perfection

Vous avez en vous énormément de mémoires qui ont recouvert la perfection qui est en vous depuis l'origine.

Pour schématiser, imaginez un oignon dont le cœur est parfaitement blanc représentant la perfection et dont les couches successives représentent les mémoires qui recouvrent cette perfection.

La perfection est en vous, mais les mémoires que vous avez créées tout au long de vos expériences contribuent aux illusions qui voilent la vérité de votre essence.

Cette vérité est que vous êtes cette perfection pleine d'amour, de santé, de prospérité, de paix de l'esprit. Vous avez tout créé en vous autorisant à faire l'expérience illusoire de ce qui n'est pas vous en tant que haine, maladie, pauvreté, souffrance de l'esprit pour mieux apprécier leur inverse parfait.

Ce qu'il est important de comprendre est que vous avez déjà tout en vous en tant que perfection.

45 Vous avez en vous, comme à l'origine, les trois pouvoirs suivant :

- L'omniscience qui est la science infinie, la connaissance de toutes choses.

- L'omniprésence qui est la présence permanente en tout lieu et en tout temps.

- L'omnipotence qui est la puissance absolue et sans limites, le fait d'avoir tout pouvoir sur tout.

Pour retrouver ces pouvoirs, vous devez vous séparer des mémoires qui les cachent.

Nous trouvons dans les textes anciens cette phrase :

La vérité vous rendra libre (Jean 8/32)

Mais les mémoires accumulés voilent la vérité à votre connaissance.

Si vous désirez connaître la vérité, vous devez effacer les mémoires qui la couvrent comme les couches de l'oignon doivent être enlevées pour découvrir son cœur pur.

46 Séparez-vous de ce qui n'est pas vous

Autrement dit, beaucoup de personnes pensent que pour évoluer elles doivent acquérir quelque chose alors qu'en fait elles doivent se séparer de ce qui n'est pas elles.

Vous devez effacer les mémoires qui vous empêchent d'être vous même. En faisant cela, vous allez vous améliorer et évoluer au fur et à mesure que vous faites ce nettoyage.

47 Comment effacer vos mémoires ?

L'effacement des mémoires est comparable au nettoyage des virus d'un ordinateur pour qu'il fonctionne mieux. C'est ainsi que vous allez vous délivrer de vos chaînes et connaître l'ampleur de vos capacités réelles.

Il existe de multiples techniques qui peuvent vous permettre de vous libérer, mais ici nous allons développer une des plus simples que vous pouvez effectuer sans avoir besoin d'une tierce personne, ou d'un thérapeute.

48 La méthode de l'ho'oponopono vous libère de vos mémoires

La méthode hawaïenne de l'ho'oponopono signifie « rectifier » « rendre droit ». Pour que cette technique fonctionne, vous devez comprendre et admettre les principes et les points suivants :

1. Vous êtes le créateur à 100 % de ce dont vous faites l'expérience (tout ce que vous voyez, entendez, sentez, goûtez, et touchez)

2. Vous êtes responsable de tout ce que vous vivez, mais pas coupable (vous faites l'expérience illusoire de l'inverse de la vérité parfaite pour mieux apprécier sa perfection)

3. En effaçant les mémoires que vous avez vous-même créées vous retournez à votre état originel de perfection.

4. Lorsque vos mémoires sont stimulées, cela donne lieu à ce que vous définissez comme vos problèmes.

5. Lorsqu'un problème survient, vous avez le choix soit de réagir dans le monde extérieur soit d'effacer la mémoire qui donne lieu à ce problème depuis votre monde intérieur.

6. Pour effacer définitivement un problème il ne faut pas intervenir sur son effet (ce que vous en percevez dans le monde extérieur), mais sur la cause (la mémoire dans votre

subconscient)

7. L'effacement d'une mémoire se fait en disant :
   « Divinité nettoie en moi ce qui contribue à ce
   problème. » Puis en récitant comme un mantra
   les phrases : « Désolé. Pardon. Merci. Je
   t'aime. »

À partir de ces principes, vous comprenez que
votre pire ennemi est en fait vous même qui avez
créé des mémoires qui donnent lieu à tout ce que
vous n'aimez pas.

Étant donné que vous êtes né dans cette vie avec
les mémoires créées dans vos autres vies vous
n'avez pas nécessairement conscience de celles-ci.
Peut-être vous demandez-vous s'il est utile de
savoir quand, comment et pourquoi vous avez toutes
ces mémoires pour pouvoir vous en défaire.

La bonne nouvelle c'est que peu importe quand,
comment et pourquoi vous les avez créées. Grâce à
la technique de l'ho'oponopono, il n'est pas utile de
le savoir pour les effacer.

Votre rôle consiste seulement à prendre la
responsabilité à 100 % de ces créations et de
demander à la partie de vous dont vous n'avez pas
conscience de les effacer, un point c'est tout. Puis
c'est à votre inconscient de se charger du processus
de nettoyage et de choisir les bonnes mémoires à
effacer.

49 La vibration du mot « Dieu »

Peu importe également comment vous allez verbaliser cette partie de vous dont vous n'avez pas conscience. Prenez le terme qui vous va le mieux : univers, énergie, moi profond, enfant intérieur, ange gardien, Dieu, Divinité, source, etc.

Cela peut rassurer les athées ou ceux que le terme Dieu peut rebuter. Dans ce cas, c'est aussi une mémoire qui revient à la surface et vous fait vous sentir mal lorsque vous entendez ce terme. C'est sans doute lors d'une de vos vies que vous avez créé une opinion selon laquelle cela n'était pas bon. En fait, il n'y a rien de bon ou de mauvais, mais seulement des croyances par rapport aux choses et ces croyances collent des étiquettes.

Une personne peut avoir la conviction que le soleil est mauvais pour la peau, car son exposition peut entraîner des maladies pendant qu'une autre vous dira qu'il est bon de s'y exposer pour fixer la vitamine E. En fait tout est question de l'utilisation que vous en faites. En lui même, le soleil n'est ni bon ni mauvais.

Ceci pour vous ramener à une particularité du mot Dieu. Vous devez savoir que ce mot « Dieu », lorsqu'il est pensé ou prononcé en quelque langue que ce soit émet des vibrations beaucoup plus puissances que si vous utilisez le mot univers ou le mot énergie. Ce qui fait que ceux qui l'emploient voient leur création arriver plus rapidement que les autres pour le même effort.

Donc si vous avez une aversion pour ce mot, sachant que cette aversion n'est en fait qu'une mémoire qui remonte à la surface, je ne saurais trop vous conseiller d'effacer la mémoire du mal-être par rapport à ce mot pour que vous aussi vous puissiez profiter de la vibration puissante du mot « Dieu ».

Ceci même si vous n'êtes ni croyant ni pratiquant. L'important est avant tout de croire en vous puisque, si vous avez bien compris, il n'existe pas de Dieu à l'extérieur de vous, mais que vous êtes cet esprit conscient et inconscient qui, lorsqu'ils sont réunis, forment « LE TOUT » qui est DIEU.

50 Vous êtes le créateur du film de votre vie

Les mémoires sont le projecteur (causes/mémoires) qui projette sur l'écran de la salle de cinéma (votre vie).

Si une chose ne vous convient pas dans le film, inutile de gratter sur l'écran (votre monde extérieur) pour faire disparaître l'image. Vous devez demander au projectionniste d'agir sur le projecteur (cause/mémoire) pour faire disparaître la séquence (effets/images) qui ne vous convient pas.

De la même manière, grâce à l'ho'oponopono vous allez demander à la partie la plus sage de vous-même d'effacer la mémoire qui vous pose un problème.

51 Objectif : Bonheur !

L'objectif ultime que vous devez atteindre est le

bonheur. Malheureusement, beaucoup de personnes confondent le bonheur et le plaisir. Aussi vont-elles se mettre en quête de réussite, qu'elle soit financière ou autre, en se disant que lorsqu'elles auront tout obtenu elles seront heureuses.

Ceci n'est qu'une illusion, car lorsqu'elles ont la voiture, la, maison, les voyages, le conjoint, etc. elles se sentent encore vides et se disent pour atteindre le bonheur il leur faut une seconde voiture, une autre maison, d'autres voyages ou changer de conjoint.

Cela n'a pas de fin, car elles se sont dirigées vers le plaisir temporaire du monde extérieur au lieu de faire surgir le bonheur depuis leur monde intérieur.

52 Le bonheur n'a pas besoin de raison pour ÊTRE

Le véritable bonheur est sans raison. Être bien tout simplement, et ceci sans limite de temps, alors que le plaisir nécessite d'avoir une raison qui n'apporte qu'un bien-être temporaire.

Vous devez apprendre à vous sentir bien sans raison et pour cela vous devez effacer au maximum les mémoires qui vous font vous sentir mal. C'est aussi simple que cela. Mais pas facile à pratiquer quotidiennement.

Si vous n'aviez pas de mémoire, vous seriez dans votre état originel de perfection donc dans le bonheur sans autre raison que d'ÊTRE !

Si vous avez beaucoup de mémoires, vous êtes

constamment confronté à des problèmes qui vous gâchent la vie aussi longtemps que vous ne prenez pas conscience que ce ne sont que des illusions que vous avez vous-même créées pour en faire l'expérience.

Vous êtes la seule personne qui puisse réellement vous faire évoluer vers une vie meilleure.

N'attendez pas après les autres, car ils ne peuvent agir que temporairement pour vous sur « les effets » (le monde extérieur des cinq sens) alors que vous pouvez agir définitivement sur « les causes » (le monde intérieur comprenant les mémoires qui provoquent vos soucis).

53 Les trois principales lois universelles

Pour vous permettre de mieux comprendre le fonctionnement de l'univers, voici un résumé des trois premières lois qui sont indispensables à une compréhension holistique*.

* Holistique = qui prend tout dans son ensemble

- **54 La loi d'attraction** = Qui se ressemble s'assemble.

Autrement dit : Lorsque vous pensez à une chose, vous l'attirez dans votre vie que vous désiriez ou non cette chose.

- **55 La loi de la création délibérée** = Tout ce sur quoi je me concentre advient.

Autrement dit : Lorsque vous concentrez votre pensée sur une seule et même chose suffisamment longtemps et régulièrement vous la créez.

- **56 La loi du permettre** (voir : "La loi d'attraction" de Hester et Jerry Hicks) = Je suis ce que je suis, les autres sont ce qu'ils sont et j'autorise les autres à être ce qu'ils sont même s'ils ne m'autorisent pas à être ce que je suis.

Autrement dit : Vous ne devez pas vous critiquer et vous ne devez pas critiquer les autres même si eux vous critiquent.

57 Précision primordiale : L'univers n'entend pas le « NE PAS ».

En pensant ou en disant : « je ne veux pas quelque chose », vous l'attirez quand même.

Il est indispensable de connaître complètement ces lois et leurs mises en pratique.

Vous trouverez leurs explications développées dans le livre :

« Obtenez tout par la pensée N°1 »,

disponible sur Amazon sous le lien suivant :

« Obtenez tout par la pensée N°1 » => http://www.amazon.fr/dp/B00AD5O9CC

Vous créez de nouvelles mémoires chaque fois que vous pensez consciemment

Ce qui bloque la résolution de vos problèmes c'est le fait de penser et de vous faire du souci.

Le fait de penser en cherchant une solution va à l'encontre de la loi universelle de l'attraction puisque pour que cette loi fonctionne vous ne devez pas vous occuper du « comment » cela va arriver, mais seulement du « pourquoi » vous désirez que cela arrive.

En cherchant une solution à vos problèmes au lieu d'enlever les mémoires qui les ont créés, vous vous créez encore plus de mémoires qui créeront encore plus de problèmes. C'est ainsi que plus vous avancez dans la vie et plus vous la trouvez difficile.

Enfant vous étiez insouciant, sans aucune crainte du lendemain, adulte vous êtes devenu soucieux du futur.

58 Vous bloquez l'énergie en vous faisant du souci

En vous faisant du souci vous allez à l'encontre de la loi du permettre et oubliez que :

59 Tout ceux à quoi l'on résiste persiste.

Ainsi en vous faisant du souci vous bloquez l'énergie utile à la création de la solution. Souvenez-vous de l'histoire de l'usine qui ne peut créer du positif qu'avec des émotions positives. Le fait de se faire du souci étant une émotion négative rien de positif, comme une solution, ne peut en découler.

Vous pouvez bien entendu utiliser les lois universelles pour créer ce que vous désirez être, faire et avoir. Cela fonctionne !

Mais ce que peu de personnes savent c'est que lorsque vous créez avec votre ego vous créez également des mémoires qu'elles soient positives ou négatives. Que vous les considériez bonnes ou mauvaises, elles sont là et leurs implications dans votre expérience vous font croire en ce que vous voyez, entendez, sentez, goûter et touchez alors que ce ne sont que vos mémoires qui s'activent en créant une illusion.

60 Votre ADN vibre en permanence

Votre ADN vibre en permanence ce qui, associé à vos mémoires, émet les informations qu'elles contiennent. Cela donne lieu à ce que vous croyez être votre réalité. Ceci n'étant en fait qu'une illusion comme le sont les images créées sur l'écran de cinéma.

Pour votre compréhension, vous pouvez comparer :

- L'ADN d'où émane l'énergie <=> à la lampe du projecteur d'où émane la lumière

- Les mémoires contenant les informations <=> à la pellicule du film contentant les images

- La réalité perçue par vos sens <=> à l'image créée sur l'écran de cinéma

La lumière en passant à travers la pellicule se charge des couleurs qu'elle contient avant de se matérialiser sur l'écran de cinéma sous forme d'image.

L'énergie provenant de l'ADN en passant à travers les mémoires se charge des informations qu'elles contiennent avant de les matérialiser sur l'écran de votre monde extérieur.

61 De la création consciente de l'ego à la création inconsciente

Vous pouvez vous programmer pour avoir une meilleure vie en vous créant plus de mémoires positives qui créent la santé, la paix, la prospérité et l'amour, mais ce ne sont que des illusions, au même titre que le film qui passe sur l'écran paraît réel alors que ce ne sont que des images.

Utiliser les lois universelles à partir de votre ego pour vous créer une meilleure vie est illusoire et temporaire. C'est seulement une étape dans votre évolution.

Dès que vous comprenez que votre ego imparfait ne peut créer qu'une illusion imparfaite, vous devez le lâcher. Désormais, vous devez remettre la création de toutes choses à votre partie inconsciente sans demande spécifique.

62 LE TOUT est le reflet de votre monde visible et invisible

L'univers visible de tout ce que vous percevez par vos sens représente moins de 1 % du TOUT. Vous avez donc plus de 99 % du TOUT, dont vous n'avez pas conscience et qui font partie du monde invisible.

Votre être est constitué de :

- votre ego (raisonnement) qui fait partie du conscient

- votre subconscient (contient toutes les mémoires) qui fait partie de l'inconscient

- le supra conscient (connecté à tout ce qui EST) qui fait partie de l'inconscient

63 La réunion des trois forme LE TOUT (l'univers, Dieu, la source)

La création délibérée : consiste à utiliser votre conscient pour imprimer dans votre subconscient les mémoires de ce que vous désirez voir apparaître dans votre vie.

Avantage : vous obtenez ce que vous désirez avec votre ego

Inconvénient : Ce que vous obtenez n'est ni parfait ni éternel et vous éloigne de qui vous êtes à force d'accumuler des mémoires.

Le nettoyage par l'ho'oponopono : consiste à

utiliser votre conscient pour donner l'autorisation à votre supraconscient relié à l'univers de nettoyer les mémoires qui sont dans votre subconscient pour ne plus voir apparaître les problèmes qu'elles projetaient sur l'écran de votre vie.

Avantage : C'est l'univers (Le Tout, Dieu) qui choisit pour vous la solution parfaite et éternelle.

Vous vous rapprochez de qui vous êtes au fur et à mesure que les mémoires sont effacées.

Inconvénient : Votre ego à l'impression de devenir inutile, car vous devez lâcher prise pour laisser choisir l'univers (Le Tout, Dieu) à sa place.

C'est comme si vous deviez lâcher une branche d'arbre avant même de savoir si autre chose va vous rattraper dans votre chute. C'est ce qui est décrit dans les livres anciens comme étant « La foi ». C'est le fait de croire sans avoir de preuve que cela existe.

64 La foi c'est croire pour voir

La foi qui déplace les montagnes c'est s'en remettre à la partie de vous, dont vous n'avez pas conscience, pour résoudre vos problèmes. C'est comme sauter sans filet en étant convaincu qu'un « miracle » va amortir votre chute. C'est l'inverse de Saint-Thomas qui désirait « voir pour croire » alors que la foi c'est « croire pour voir ».

Agir comme Saint-Thomas c'est voir, avant de sauter, si le filet est là pour croire que vous serez sauvé.

65 Agir avec la foi c'est croire que vous serez sauvé avant même de voir si un filet vous retiendra.

66 Lorsqu'une porte se ferme, une autre s'ouvre

Un principe dit que lorsqu'une porte se ferme, une autre s'ouvre. Mais vous ne devez pas attendre que toutes les portes soient déjà ouvertes pour progresser.

De même si vous prenez votre voiture pour aller à un rendez-vous vous n'attendez pas que tous les feux entre chez vous et votre destination soient au vert en même temps sinon vous ne partirez jamais. Vous devez avoir confiance dans le fait que les feux passeront au vert les uns après les autres.

67 Ce qui s'efface en vous s'efface aussi chez l'autre

En utilisant la partie sage en vous qui est parfaite (Dieu, univers), les résultats le seront également.

Si vous allez au fond de la vérité, vous vous rendrez compte qu'en dehors de vous il n'y a rien. Tout ce que vous percevez par vos cinq sens c'est toujours vous. Votre monde extérieur est le reflet de votre monde intérieur. C'est le résultat des mémoires que vous avez créées en voulant penser par vous même.

De même que tout ce qui est minéral, végétal et

animal c'est vous. L'autre personne qui qu'elle soit, c'est toujours vous. Raison pour laquelle lorsque vous effacez en vous une mémoire commune avec une autre personne elle s'efface aussi chez elle.

68 Un médecin traite ses patients par la force de l'esprit sans jamais les rencontrer

C'est ainsi que le docteur hawaïen Ihaleakala Hew Len a aidé à guérir des patients pendant plus de trois ans à l'hôpital de l'état d'Hawaï sans jamais en voir un seul. Après avoir consulté le dossier médical de chaque malade, il allait, en lui, effacer la mémoire commune, responsable des troubles du malade. Le service dont il s'occupait fut finalement fermé faute de patient.

Lorsqu'on lui a posé la question de comment il avait fait il répondit : « Tout simplement, je guérissais la partie de moi qui les avait créés ».

Si cette histoire vous intéresse, je vous conseille vivement de lire sur internet l'intégralité du document dans lequel il explique qu'il est possible, à distance et sans jamais voir un malade, de le guérir.

Vous devez également savoir que de la même manière vous pouvez résoudre n'importe quel problème, qu'il soit financier, amoureux ou de toute autre nature. Il n'y a pas de limite liée au temps ou à la distance puisque tout se règle depuis votre monde intérieur par la force de votre esprit ou plus précisément par le lâcher-prise de votre ego.

69 La naissance de la dualité et de l'illusion

Vous souvenez-vous de l'histoire d'Adam et Ève qui étaient au paradis ?

Que cette histoire soit réelle ou non, elle relate un message que vous devez absolument assimiler.

Tout était donné par (Dieu, l'univers) et ils n'avaient plus qu'à profiter de l'instant présent. Puis ils ont décidé de manger la pomme (ils ont décidé de penser par eux même avec leur ego) et c'est depuis ce jour que nous avons connu la dualité.

Ainsi ont-ils fait l'expérience de l'inverse de la vérité en choisissant par eux mêmes. Ils ont utilisé leur libre arbitre en tant qu'individualité au lieu de simplement accepter ce qui leur était présenté dans l'instant présent par la source parfaite de toutes choses.

C'est en pensant par eux-mêmes avec leur ego qu'ils ont créé les premières mémoires à l'origine des souffrances et des problèmes illusoires. Faire l'expérience illusoire du mal pour mieux apprécier la perfection.

70 Lâcher-prise revient à remettre vos soucis à l'univers

C'est en décidant de penser par eux mêmes avec leur ego qu'ils ont créé toutes les mémoires qui allaient être à l'origine de tous leurs ennuis.

Pour revenir au jardin d'éden « le paradis », il est

logique de faire le chemin inverse en demandant l'effacement de vos mémoires, en lâchant prise sur les résultats, pour ne plus en créer de nouvelles.

Pour bien comprendre la portée du lâcher-prise, vous pouvez le remplacer par le terme « remettre à ».

Ainsi lâcher-prise d'un problème peut se comprendre par « remettre le problème à la partie de vous la plus sage, remettre à l'univers, remettre à Dieu ».

Souvenez vous que suivant les ressentis de chacun, cette partie la plus sage de vous-même peut être déclinée en plusieurs appellations que vous choisirez en fonction de celle qui vous convient le mieux : univers, énergie, Dieu, Divinité, source, etc.

Que vous soyez croyant ou non, pratiquant d'une religion ou athée cela ne change rien au processus, car tout est en vous quelques soient vos convictions.
Vous êtes soumis aux lois universelles quelles que soient vos opinions à ce sujet.

71 Retrouvez la perfection qui est déjà en vous

L'important est de pratiquer sans jugement, ni opinion ou croyance. Ceci est important, car vous devez créer à partir de la perfection pour créer de la perfection.

Comme les jugements, les opinions et les croyances viennent de vos mémoires imparfaites, ils le sont également.

Toutes les mémoires que vous avez créées au cours des millénaires de vos incarnations n'ont fait que rajouter quelque chose à ce qui était déjà parfait. Or on ne peut ajouter de la perfection à la perfection. Il vous faut donc désormais effacer tout ce qui a été mis par-dessus cette perfection pour retrouver la perfection.

72 Mieux vaut se sentir bien que d'avoir raison

Prenez conscience que vous n'avez besoin de personne d'autre que vous pour régler tous vos problèmes à condition de lâcher votre ego. Votre ego fait partie de votre côté raisonnement. C'est pour cela qu'il veut toujours avoir raison. Mais comme sa capacité est infiniment plus restreinte que votre partie inconsciente il n'a pas toutes les cartes en mains pour connaître les meilleures solutions.

Il veut avoir raison alors qu'il n'a pas les capacités requises pour vous créer la meilleure vie possible.

Demandez-vous si vous préférez avoir raison en suivant votre ego conscient ou être heureux en laissant faire votre partie inconsciente ?

Lorsque vous voyez des événements se produire dans votre vie, vous devez vous en détacher, émotionnellement parlant. En devenant un observateur de l'expérience, vous prenez conscience que ce ne sont que vos mémoires qui produisent une illusion.

73 La paix intérieure attire la paix extérieure

L'important est que vous restiez en paix. Souvenez-vous de ce que disait Jésus il y a plus de 2 000 ans. Que la paix soit avec vous ! Il avait compris que le monde intérieur créé le monde extérieur et que si vous vouliez avoir la paix dans votre vie vous deviez d'abord créer la paix en vous.

Pour trouver la paix en vous, vous ne devez plus critiquer, juger ou définir comme bon ou mauvais ce que vous percevez par vos cinq sens. Vous devez simplement ÊTRE un observateur d'une situation qui EST tout simplement.

Retenez cette phrase et surtout pratiquez-la pour constater par vous même ses effets sur votre vie :

74 Il suffit de vous sentir bien pour de surcroît tout recevoir ! Fred Stanford

75 Votre BIEN-ÊTRE attire à vous des événements qui vous font vous sentir AUSSI BIEN

Le fait de vous sentir bien crée une vibration de bien-être qui va entrer en résonance avec les énergies de même fréquence dans l'univers et, par la loi de l'attraction, va attirer à vous des expériences qui vous feront vous sentir aussi bien lorsqu'elles apparaîtront dans votre vie.

Nous pourrions également parler de

matérialisation qui consiste à concrétiser quelque chose d'abstrait, d'incorporel et d'immatériel.

Albert Einstein avait compris que la matérialisation à partir du pouvoir de notre esprit existe. Il l'a d'ailleurs exprimé sous la forme de la fameuse formule de la relativité :

$E=MC^2$

E=Énergie

M=Masse

C^2=Vitesse de la lumière au carré (vitesse multipliée par elle-même)

Pour simplifier, nous pourrions dire que votre pensée est une vibration en haute fréquence qui attire dans votre expérience une vibration de la même nature (loi d'attraction), mais qui lorsqu'elle se matérialise dans votre vie est en basse fréquence.

Autrement dit : Penser à une table est une haute fréquence. La table dans votre expérience est une basse fréquence. Mais les deux, la table en pensée et la table qui est physiquement dans votre salon sont de même nature. Seul leur niveau de fréquence vibratoire est différent.

Raison pour laquelle en utilisant la loi de la création délibérée (se concentrer sur la même chose suffisamment longtemps et régulièrement jusqu'à sa matérialisation dans votre expérience) fonctionne si l'on n'émet aucune résistance (loi du permettre et lâcher-prise).

76 Pourquoi avez-vous l'impression que cela ne fonctionne pas pour vous ?

En résumé, tout simplement parce que vous n'avez pas concentré votre esprit :

- sur une seule et même chose à la fois

- suffisamment longtemps et régulièrement pour que 100 % de l'énergie utile soit fournie

- sans créer de résistance qui bloque l'afflux d'énergie

Nous n'allons pas revenir précisément sur le processus complet pour obtenir tout ce que vous désirez, car cela serait une redite des informations précises contenues dans « Obtenez tout par la pensée N°1 », mais il est bon d'en rappeler au moins les grandes lignes, car cela s'intègre à une compréhension d'ensemble.

L'étape de la création délibérée vous permet de faire un bon en avant dans la confiance en vous qui est indispensable pour atteindre les niveaux supérieurs de compréhension et de foi pour une meilleure mise en pratique.

77 Les étapes de votre évolution :

- L'ignorance :

- La découverte des lois universelles :

- La mise en pratique des lois universelles en choisissant avec votre ego :

- La constatation de l'efficacité des lois universelles depuis votre ego :

- La découverte de l'utilisation des lois en laissant choisir votre partie divine :

- La mise en pratique des lois universelles depuis votre partie divine :

- La constatation de l'efficacité des lois universelles depuis votre partie divine :

78 Explications des étapes de votre évolution :

1. L'ignorance :

Vous pensez que tout n'est que hasard et que vous n'avez aucun pouvoir sur votre monde extérieur.

2. La découverte des lois universelles :

Vous apprenez les lois universelles qui vous expliquent que le hasard n'existe pas et que c'est vous qui attirez toutes les expériences dans votre vie. Vous comprenez que le hasard est le retour énergétique de ce que vous demandez de façon consciente et inconsciente.

3. La mise en pratique des lois universelles en choisissant avec votre ego :

Vous faites des expériences en choisissant avec votre ego ce que vous désirez attirer dans votre vie.

4. La constatation de l'efficacité des lois universelles en choisissant avec votre ego :

Vous faites la relation entre ce que votre ego (imparfait) a choisi d'attirer et ce qui arrive effectivement dans votre vie (imparfait également).

Exemple : Vous attirez la voiture décapotable rouge de vos rêves, mais vous vous rendez compte, après coup, qu'elle consomme beaucoup de carburant et que l'assurance est chère.

5. La découverte de l'utilisation des lois universelles en laissant le choix à votre partie divine :

Vous apprenez que vous pouvez utiliser les lois universelles en demandant à votre partie divine (parfaite) de choisir pour vous ce qui sera le mieux (parfait).

6. La mise en pratique des lois universelles en laissant le choix à votre partie divine :

Vous faites des expériences en demandant à votre partie divine (parfaite) de choisir pour vous ce qu'il y a de mieux sans émettre ni intention, ni opinion, ni attachement, ni attente par rapport au résultat.

7. La constatation de l'efficacité des lois universelles en laissant le choix à votre partie divine :

Vous faites la relation entre ce que votre partie divine (parfaite) a choisi d'attirer et ce qui arrive effectivement dans votre vie (parfait également).

Vous constatez qu'en lâchant votre ego, sans attente par rapport au résultat, ce qui arrive est toujours parfait au-delà de ce que vous auriez pu imaginer.

Exemple : Vous avez besoin d'un véhicule, mais vous n'en faites pas la demande. Vous vous contentez d'effacer de vous ce qui vous empêche d'avoir le véhicule idéal et vous lâchez prise en vous sentant bien. Le véhicule qui viendra à vous ne sera peut-être qu'une petite voiture ou un vélo, mais après la surprise vous vous rendez compte qu'il ne vous apporte que du bonheur.

79 Prenez conscience de l'imperfection de votre ego pour le lâcher

Cette dernière étape a l'inconvénient que comme vous ne savez pas ce que choisit votre partie divine pour vous, lorsqu'il y a réalisation, vous ne pouvez pas savoir si c'est la réponse puisque vous n'avez pas fait de demande.

Raison pour laquelle il est important de passer

par les étapes deux à quatre (demandez par votre ego). Ceci pour bien vous rendre compte que lorsque vous choisissez consciemment (avec votre ego), l'univers répond en matérialisant ce que vous avez choisi. Même si le résultat n'est ni parfait, ni éternel, cela vous permet de vérifier que l'univers répond à vos demandes.

Vous avez l'avantage de vous rendre compte que cela fonctionne, qu'il existe bien un monde invisible à votre service prêt à vous servir. Cela fait croître la confiance (la foi) qui est en vous et lorsque celle-ci est suffisamment importante, vous pouvez « lâcher votre ego » pour vous en remettre à votre divinité intérieure qui choisira pour vous les meilleures solutions. Elles seront parfaites, éternelles et vous apporteront un bonheur durable.

Chose que vous n'auriez peut-être pas fait si vous étiez passé directement de l'étape un (l'ignorance) à l'étape cinq (laisser choisir votre divinité intérieure) qui ne vous permette pas de faire la relation entre ce que vous demandez et ce qui arrive puisque c'est votre partie inconsciente qui choisit pour vous ce qu'il y a de mieux.

80 Être, faire et avoir tout ce que votre ego désire est seulement une étape de votre évolution

Si vous avez lu le livre « Obtenez tout par la pensée N°1 » vous êtes arrivé jusqu'à l'étape quatre vous permettant de demander à l'univers, avec votre ego, ce que vous désirez être, faire et avoir. C'est une étape très importante, mais vous n'avez toujours pas trouvé le bonheur, même si vous avez attiré la voiture, la maison, les voyages et le conjoint de vos rêves.

Pourquoi ? Tout simplement parce qu'en faisant des demandes avec votre ego qui est imparfait, les résultats ne peuvent être que du même ordre.

Aussi lorsque vous avez tout ce que vous avez désiré par son intermédiaire, le bonheur vous semble toujours devant vous à vous fuir et vous ne faites que recommencer à demander d'autres choses extérieures comme une deuxième voiture, une deuxième, maison, d'autres voyages ou un autre conjoint pour combler un manque de bonheur qui ne pourra jamais être comblé de cette façon.

81 Acquérir les choses extérieures pour trouver le bonheur n'est qu'une illusion

Le bonheur n'est pas une destination, mais le chemin. Vous ne devez pas acquérir des choses extérieures pour obtenir le bonheur intérieur, mais faire l'inverse. C'est une illusion de penser que lorsque vous aurez tout ce qui vous fait envie consciemment vous serez heureux. Ce bonheur ne sera que passager.

Vous devez d'abord avoir la maîtrise du bonheur intérieur, ici et maintenant, pour de surcroît tout avoir. Ce qui correspond au retour au jardin d'éden (le paradis) où Adam et Ève n'avaient à se préoccuper de rien d'autre que profiter de la vie, car tout leur était présenté au moment opportun.

Vous devez comprendre que « de surcroît tout avoir » signifie que c'est votre partie divine, dont vous n'avez pas conscience, qui s'occupe de vous. Elle vous apporte tout ce dont vous avez besoin au meilleur moment, car elle vous connaît mieux que vous ne vous connaissez vous-même consciemment.

82 Vous n'avez pas à choisir consciemment les mémoires à effacer

Certaines personnes se demandent si elles ne risquent pas de perdre quelque chose en se séparant de leurs mémoires ou se demandent quelles mémoires effacer.

En fait, ce n'est pas à vous de choisir avec votre partie consciente, mais c'est la partie de vous beaucoup plus grande, plus sage et qui vous connait dans votre entièreté qui va se charger de cette mission.

Pour vous rassurer, comprenez que même si vous demandez le nettoyage d'une chose qui est déjà parfaite, rien ne va se passer.

Vous ne pouvez pas vous séparer d'autre chose que ce qui n'est pas vous, de même que vous ne pouvez effacer que les programmes dans un ordinateur, mais vous ne pouvez pas effacer l'ordinateur lui-même. Les programmes sont virtuels (l'illusion) alors que l'ordinateur est matériel (réel).

Une fois que l'ordinateur est débarrassé de tous ses programmes, il ne peut plus y avoir de virus. Il ne reste que ce qu'il EST à l'origine.

83 Peut-on effacer toutes nos mémoires en une fois ?

Pour vous purifier en une seule fois, il faudrait une quantité d'énergie très importante et vous seriez sans doute incapable de supporter une charge aussi soudaine. Si vous appliquez du 220 volts à une ampoule qui est prévue pour du 12 volts le filament est rapidement consumé et l'ampoule ne fonctionne plus.

Il se passerait la même chose avec votre corps qui ne peut supporter qu'une quantité limitée d'énergie en une fois. Heureusement, c'est votre partie inconsciente qui choisir les mémoires à effacer ce qui permet de le faire idéalement sans surcharge d'énergie.

84 Quelles émotions dois-je ressentir pendant la récitation des quatre phrases de l'ho'oponopono ?

Lors d'une création délibérée, il est nécessaire de ressentir la joie comme si nous avions déjà en notre possession ce que nous demandons. Comme le plaisir d'avoir déjà la voiture de nos rêves.

Pour ce qui est de l'effacement d'une mémoire il

en va un peu différemment, car vous pouvez n'avoir aucun ressenti particulier. L'important est d'accepter la responsabilité à 100 % de la création de ces mémoires et de lâcher prise. Si vous êtes confronté à une situation qui vous met dans la peur, le doute ou d'autres émotions négatives, vous devez simplement retrouver la paix qui est en vous suffisamment longtemps en récitant les quatre phrases :

Je suis désolé. Pardonne-moi. Je t'aime. Merci.

85 La signification des phrases de l'ho'oponopono

Je suis désolé d'avoir créé ces mémoires, je ne savais pas.

Pardonne-moi de les avoir créées.

Je t'aime et te demande de les effacer.

Merci de les effacer.

Je suis désolé : Vous fait prendre conscience que vous êtes 100 % responsable de la création des mémoires, donc de notre vie.

Pardonne-moi : le pardon est le lâcher-prise qui permet de ne plus retenir l'énergie négative.

Je t'aime : l'amour permet d'effacer tout ce qui n'est pas la vérité (la perfection).

Merci : le remerciement est l'expression de la gratitude qui permet d'émettre encore plus de vibration de ce qui est la vérité (la perfection) et donc d'en recevoir encore plus.

86 Essentiel de la technique pour effacer vos mémoires

Souvenez-vous de l'essentiel pour effacer les mémoires :

Lorsqu'un problème survient qu'il soit réel ou simplement que vous l'imaginiez :

1. Acceptez à 100 % votre responsabilité au sujet de la création de toutes choses.

2. Dites : Divinité, nettoie en moi ce qui est en train de créer ce problème

3. Répétez jusqu'à vous sentir bien : Je suis désolé Pardonne-moi. Je t'aime. Merci.

4. Lâchez-prise = sentez vous bien en vous disant que vous avez remis à votre partie Divine votre problème qui sera idéalement résolu.

87 Les questions qui reviennent souvent concernant cette pratique :

Q : Dois-je ressentir chaque mot que je prononce ?

R : L'important est de retrouver la paix en soi. Souvenez-vous de ce que disait Jésus : que la paix soit avec vous ! Il l'avait compris et cela n'a rien à voir avec la religion catholique qui n'a pas été créée par lui, mais près de quatre siècles après qu'il ait été crucifié. Tout ceci se situe au niveau des fréquences vibratoires que vous émettez. Il s'agit ici de physique quantique et non de religion.

La physique quantique est le fait d'ajouter la conscience à la physique. La conscience a une influence sur tout. Donc sur la matière comme l'a démontré Masaru Emoto en émettant des pensées de haine puis d'amour sur de l'eau en phase de cristallisation par le froid. Les résultats montrent un chaos au niveau de la formation des cristaux provenant de l'eau soumise à des pensées de haine, alors que les cristaux deviennent harmonieux et magnifiques lorsque l'eau est soumise à des pensées d'amour.

De la même manière en émettant des pensées de souci face à un problème, vous vous créez encore plus de soucis. Par contre si vous émettez des pensées de paix face à ce même problème, celui-ci va s'harmoniser à la paix. Cette nouvelle fréquence vibratoire de paix engendre une expérience sous forme de solution.

Q : Pendant combien de temps dois-je réciter les phases ?

R : Ceci n'est pas une question de temps, mais d'état d'être. Combien de temps vous faut-il pour retrouver la paix en vous lorsque vous avez un problème qui vous fait vous sentir mal ? Avec l'expérience et la pratique, vous pourrez retrouver la paix en vous en quelques secondes seulement.

D'ici là peut-être vous faudra-t-il plusieurs minutes avant de passer du mal-être au bien-être. Ce qu'il y a de certain c'est que les effets nocifs (poison physiologique) d'une émotion négative sur le corps ont totalement disparu au bout de 90 secondes à la condition que vous n'entreteniez pas l'émotion à l'origine du « poison ».

L'important pour vous est de vous sentir bien le plus rapidement possible et vous savez qu'à partir de ce moment là, toute la nocivité qu'a engendrée votre mal-être sera dissoute dans votre corps au maximum dans les 90 secondes.

Si nous devions donner un temps nous dirions qu'à partir du moment où vous vous sentez bien, continuez à maintenir la paix en vous au minimum pendant 17 secondes. Et jusqu'à 90 secondes avec de l'entraînement. Le but ultime étant d'être dans la PAIX en permanence.

Q : Dois-je comprendre intellectuellement ce qui se passe pour que cela fonctionne ?

R : Absolument pas, car l'intellectualisation est un des processus de l'ego. Pour que cela fonctionne au mieux vous devez lâcher prise, donc lâcher votre ego. Faites-le tout simplement jusqu'à ce que vous vous sentiez bien pendant suffisamment de temps (voir ci-dessus).

Q : Suffit-il de demander à effacer une seule fois pour qu'un problème disparaisse ?

R : Cela dépend du nombre de mémoires (ou couches) que vous avez pour le problème en question.

Si vous n'avez qu'une seule couche concernant ce problème, il peut effectivement disparaître au bout d'un seul nettoyage.

Mais si vous avéé crée beaucoup de couches concernant le problème en question (dans plusieurs vies par exemple) vous avez deux solutions :

Soit il vous faut demander l'effacement de toutes les mémoires les unes après les autres au fur et à mesure qu'elles se présentent.

Soit, il vous faut demander l'effacement de la première couche créée à la base, ce qui entraînera automatiquement l'effacement de toutes les couches qui se trouvent par-dessus.

De la même façon qu'en tirant sur les fondations d'un château de cartes, on fait s'écrouler la structure du dessus. Dans ce dernier cas vous faut-il encore identifier la situation qui a créé cette première couche dans votre subconscient, par une régression ou d'autres techniques complexes.

La façon la plus simple de faire reste de nettoyer sans cesse chaque fois que vous avez une pensée, une émotion ou une situation qui vous met dans un état de MAL-ÊTRE jusqu'à ce que vous retrouviez votre état originel de BIEN-ÊTRE.

Q : Dois-je nécessairement dire toutes ces phrases dans le même ordre ?

R : Absolument pas, car l'important sont les fréquences vibratoires émises par vous et non l'ordre des phrases. Vous pouvez dire : « Désolé, pardon, je t'aime, merci » ou « pardon, je t'aime, merci, désolé » ou « merci, je t'aime, désolé, pardon ».

Avec l'expérience, si vous vous sentez bien plus rapidement en disant seulement « merci, je t'aime » ou tout simplement « merci » alors faites-le.

88 Comment ne plus créer de nouvelles mémoires ?

Pour obtenir de bonnes choses dans votre vie sans vous créer de nouvelles mémoires vous ne devez pas faire de demande avec votre ego.

Autrement dit, vous ne devez pas demander une chose précise, mais laisser choisir (l'univers, Dieu, la source) pour vous. Pour ce faire, vous devez émettre des fréquences vibratoires de bien-être qui ne sont pas associées à ce que vous aimeriez avoir comme vous pouvez le faire dans « Obtenez tout par la pensée N°1 ».

Car même s'il est vrai qu'avec les techniques dévoilées dans ce précédent livre vous pouvez être, faire et avoir tout ce que vous désirez, souvenez-vous que ceci n'est qu'une étape dans votre évolution. Et qu'une fois que vous avez vérifié que cela fonctionne vous devriez passer à l'étape supérieure où ce n'est plus votre ego qui choisit, mais votre partie divine.

89 Le pouvoir de la gratitude. Remercier pour TOUT vous apporte plus de TOUT

Une des façons les plus simples et puissantes pour attirer de bonnes choses dans votre vie sans créer de nouvelles mémoires n'est pas de demander ce que vous n'avez pas, mais de remercier pour ce que vous avez déjà :

- Remercier d'être en vie dès le réveil.

- Remercier d'être en santé.

- Remercier de voir cette belle nature, d'entendre les oiseaux, de sentir le parfum des fleurs.

- Remercier d'avoir une maison, une voiture.

- Remercier d'avoir à manger et à boire.

- Remercier d'avoir une famille, un conjoint, des amis, etc.

En émettant des fréquences vibratoires de gratitude pour ce que vous avez déjà, par la loi d'attraction (ce qui se ressemble s'assemble) vous attirez à vous nécessairement des choses que vous aimerez tout autant que celles que vous avez déjà.

Sans pour autant les avoir choisies avec votre partie consciente imparfaite. C'est votre divinité intérieure parfaite qui choisit ce qui sera le mieux pour vous.

L'inconvénient est de ne pas savoir ce que vous allez recevoir, mais l'avantage est que vous êtes sûr que cela sera parfait et sans la création de nouvelles mémoires synonymes de difficultés futures.

90 Ne vous attendez pas à un résultat

Le fait de ne pas s'attendre à un résultat revient à ne pas savoir quoi, comment, quand, par qui ou par quoi cela va arriver dans votre vie.

Vous vous en remettez totalement à votre Divinité intérieure en ayant une confiance absolue que tout sera fait de façon idéale. C'est la foi qui déplace des montagnes qui prend le relais de votre ego. C'est le lâcher-prise qui autorise votre partie inconsciente à diriger l'énergie là où il y en a le plus besoin pour votre bien-être.

Ceci évite de laisser votre ego diriger l'énergie là où il brillera le plus par rapport aux autres. Ceci est le monde de la concurrence où il faut être meilleur que les autres, quitte à se sentir mal.

91 La clef de votre bonheur : ÊTRE BIEN ici et maintenant

L'ego désire toujours se comparer aux autres pour être plus grand, plus fort, meilleur, avoir plus dans tous les domaines alors que votre moi-profond désire simplement ÊTRE tout simplement BIEN.

Votre ego pense que c'est en ayant tout dans le monde extérieur que vous serez bien et heureux alors que c'est l'inverse. Vous devez être bien ici et maintenant et remercier pour ce que vous avez déjà. Même si vous n'aviez que votre « conscience d'être », cela suffirait de surcroît pour tout avoir en vous sentant bien.

Souvenez-vous :

92 Vous ne devez pas AVOIR pour ÊTRE, mais vous devez ÊTRE pour AVOIR !

Plus précisément : Vous ne devez pas avoir diverses possessions pour être bien, mais vous devez être bien pour avoir ce qui vous rendra heureux.

Ce n'est pas en acquérant des biens dans votre monde extérieur que vous atteindrez le bien-être dans votre monde intérieur, mais c'est en créant le bien-être en vous que de surcroît tout sera accordé autour de vous !

93 Sentez-vous bien ici et maintenant et tout vous sera de surcroît accordé !

Fred Stanford

94 Vous avez le choix de faire perdurer ou de dissoudre les problèmes

Lorsqu'un problème surgit dans votre vie, vous pouvez réagir de plusieurs façons. Vous pouvez vous plaindre de cette situation et lui donner encore plus d'énergie pour la faire vivre.

Ou vous pouvez remercier de la possibilité qui vous est donnée d'effacer les mémoires qui lui donnent vie. Dans le premier cas, votre problème perdure, dans le second il est dissout.

Vous avez la possibilité de réagir au monde illusoire extérieur ou nettoyer depuis votre monde intérieur.

95 C'est la fréquence vibratoire des mots, associée aux émotions, qui attire comme un aimant

Tous les ingrédients permettant d'attirer de bonnes choses sont inclus dans : Je suis désolé, pardonne-moi, je t'aime, merci.

Chacun de ces mots à une haute fréquence qui, associée au BIEN-ÊTRE, attire comme un aimant des bienfaits dans votre vie.

Chaque fois que vous nettoyez en disant un ou plusieurs des mots, Désolé. Pardon. Je t'aime et merci, vous effacez dans votre subconscient des mémoires qui sont la cause de problèmes dans votre vie. Comme le ferait la touche « remise à zéro » de votre ordinateur sur les programmes qui sont responsables de ce que vous voyez à l'écran.

Si vous avez beaucoup de programmes négatifs (comme des virus), le fonctionnement de votre ordinateur en sera fortement perturbé. Mais au fur et à mesure que les programmes défaillants sont effacés, votre informatique fonctionne de mieux en mieux jusqu'à atteindre la perfection.

C'est vers cette perfection que vous devez tendre. Certains appellent cet état d'être « l'éveil » ou « l'illumination » ce qui signifie dans le sens noble du terme « qui a vu la lumière ». La lumière étant l'énergie sous sa forme la plus pure, elle peut être considérée comme la source (l'univers, Dieu).

96 Siddhârta Gautama se tourna vers son monde intérieur pour devenir un Bouddha

Beaucoup pensent que Bouddha est le nom du sage bien connu qui vécut cinq siècles avant notre ère. Alors que son nom était Siddhârta Gautama et que le nom de Bouddha signifie « l'éveillé ».

Ainsi toute personne qui atteint un certain niveau de conscience élevé devient un Bouddha. Jusqu'à son adolescence, Siddhârta Gautama qui vivait dans un palais ignorait tout de la vieillesse et de la mort.

C'est lors d'une sortie au sein de la ville qu'il découvrit ces notions. Choqué par la souffrance des êtres qu'il rencontra, il décida de partir à la recherche de la vérité pour trouver une solution.

Au départ, il a cherché longtemps dans le monde extérieur et cela ne lui causa que souffrance et décrépitude. C'est seulement à partir du moment où il s'est tourné vers le monde intérieur par des méditations, des concentrations sur sa respiration et autres techniques spirituelles, qu'il prit conscience que son monde extérieur était le reflet de son monde intérieur.

C'est en entendant des pêcheurs discuter que lui fut révélé que le meilleur chemin est : « la voie du milieu ». Celle qui est sans excès, sans opinion, sans croyance, sans attente. ÊTRE tout simplement.

Et en quelques années seulement il maîtrisa tellement bien son monde intérieur, en y apportant la paix, que son monde extérieur fut empreint de cette même paix.

97 En faisant le vide en vous, la lumière (l'énergie pure) prend sa place

Apporter la paix dans votre monde intérieur c'est y effacer ce qui est nocif, perturbateur, négatif et réactionnel. Tous ces inconvénients y sont stockés sous forme d'informations dans les mémoires.

C'est à la suite de stimuli que ces mémoires donnent lieu à ce que vous percevez comme des situations difficiles, des problèmes relationnels, financiers ou tous autres tracas de la vie quotidienne. En effaçant ces mémoires, les informations qu'elles contiennent sont effacées également, et ceci de façon définitive.

Plus vous faites de « vide » dans vos mémoires plus cet espace est remplacé par de la lumière. De l'énergie pure. La source de toute chose parfaite et éternelle.

Sans le savoir, vous êtes au fond de vous un être de lumière dont les mémoires atténuent la clarté.

Plus vous avez de mémoires et moins la lumière peut émaner de vous. Plus vous nettoyez vos mémoires et plus votre fréquence vibratoire augmente jusqu'à irradier tout autour de vous. Cette irradiation ne se voit pas forcément à l'œil nu, mais elle peut se ressentir en présence de l'être éveillé.

Certaines peintures et fresques représentent des saints avec une auréole lumineuse autour de la tête ou une émanation de lumière autour du corps. De là à dire que c'est ce qu'ils voyaient réellement il n'y a qu'un pas.

98 Vos ondes cérébrales imprègnent l'univers de façon instantanée

Même à un plus bas niveau de conscience vous avez certainement ressenti que vous vous sentiez mieux en présence de personnes positives que de personnes négatives et cela sans même qu'elles vous adressent la parole.

Le bonheur, comme le mal-être de ceux qui vous entourent, a une influence sur votre propre état d'être. De même, les fréquences vibratoires émises par votre esprit conscient et inconscient ont une influence sur des personnes. Que celles-ci soient proches de vous ou à l'autre bout de la planète.

La particularité des ondes cérébrales est qu'elles

ont une vitesse instantanée. C'est-à-dire qu'au moment même où elles sont émises elles ont déjà atteint leurs cibles où qu'elles soient dans l'univers. Aucun matériau ne peut stopper ces ondes, contrairement aux ondes lumineuses et sonores qui peuvent être arrêtées par de la matière.

La capacité de votre cerveau en mode émetteur ou récepteur est ce qu'il y a de plus puissant et de rapide dans tout l'univers. Les ondes qu'il reçoit et émet ne sont nullement freinées par le temps et l'espace. Vous êtes un être illimité !

99 La véritable fonction du mental est de choisir entre réagir ou lâcher-prise

Généralement, nous pensons que le mental a pour but d'accumuler des connaissances, de nous instruire, de réfléchir pour devenir autonome en gérant nos propres pensées.

En faisant cela, nous utilisons surtout la partie conscience proche de notre ego (côté gauche du cerveau) et ignorons la partie la plus importante et plus sage de notre être qui se situe dans la partie inconsciente de notre être (côté droit du cerveau).

En pensant par vous même et en décidant de ce que vous désirez faire, vous vous créez de nouvelles mémoires. Celles-ci vont se stocker dans votre subconscient et donner une identité illusoire à l'image de vos mémoires.

Vous devez utiliser votre mental à une autre

fonction que celle de penser. Vous devez simplement choisir entre « réagir » ou « lâcher-prise ».

Réagir revient à enlever l'écran de cinéma sur lequel se projette l'image. Ce qui a pour incidence de projeter l'image un peu plus loin sur le mur. Si vous réagissez de nouveau lorsque l'image apparaît sur le mur, cela revient à casser le mur en vous disant que l'image va disparaître. Alors qu'elle ne fait que se projeter encore plus loin et ainsi de suite. Ce n'est que peine perdue et remise à plus tard.

Par contre si vous décidez de lâcher-prise vous n'agissez pas sur l'écran de cinéma, mais sur la bobine du film ce qui permet de la changer pour qu'une nouvelle image apparaisse sur l'écran.

100 Comment le subconscient travaille-t-il pour vous lorsque vous lâchez prise ?

Le point commun avec toutes les techniques de nettoyage existantes est de remettre la résolution du problème à la partie inconsciente de votre être. Cette partie est votre partie créatrice dans laquelle subsiste votre omnipotence qui a tout pouvoir sur tout.

Exemple : Vous venez de vous faire griffer par un chat. En réagissant pour résoudre vous même le problème vous grattez régulièrement la croûte qui se forme en vous disant qu'à force de gratter cela va disparaître. Dans ce cas, vous ne faites que repousser la guérison aussi longtemps que vous allez

« réagir » (gratter la croûte), à cette situation.

Si par contre vous « lâchez prise » en remettant la guérison entre les mains de la partie la plus sage de vous. Votre subconscient va prendre en charge la réparation de la griffure. Celle-ci va disparaître en l'espace de quelques jours sans que vous ayez eu à intervenir consciemment pour cette reconstruction de tissus.

En prenant conscience de cet exemple, qui est arrivé à beaucoup de monde, vous devez faire le parallèle avec toutes les situations négatives qui vous arrivent.

En remettant à votre subconscient (le lâcher-prise) la résolution du problème en utilisant la méthode ho'oponopono vous n'intervenez plus consciemment, mais inconsciemment. Dans les deux cas, c'est bien vous qui intervenez. Mais le résultat sera « temporaire » si vous réagissez avec votre partie consciente, et « définitif » si vous lâchez prise en demandant à votre partie inconsciente d'effacer les mémoires qui sont la cause de votre problème.

Retenez ceci lorsque vous êtes face à une situation négative :

101 Soit je réagis pour une résolution temporaire, soit je lâche prise pour une résolution définitive.

102 Le seul moyen de résoudre définitivement une situation est d'en effacer la cause.

103 Utiliser la réaction vous engage dans un processus cyclique karmique, alors que le lâcher-prise brise ce cycle et vous libère de l'illusion. Fred Stanford

104 La différence entre ce qui vient des mémoires et ce qui vient de l'inspiration

Ce qui vous vient du monde intérieur, comme vos pensées, peut émaner soit de vos mémoires imparfaites soit de votre inspiration divine parfaite.

Généralement, vous ne pouvez pas reconnaître si cela provient de vos mémoires ou de l'inspiration.

Dans le doute, mieux vaut nettoyer en pratiquant l'ho'oponopono. Ainsi, si c'est une mémoire qui remonte, celle-ci sera effacée. Et si c'est une inspiration déjà parfaite, celle-ci sera conservée.

C'est comme lorsque vous décidez de nettoyer une pièce. Si celle-ci est sale, elle deviendra propre. Mais si elle était déjà propre, elle le restera tout simplement.

En nettoyant en permanence cela vous permet de ne pas avoir à vous poser de questions et être certain que seules les inspirations divines parfaites resteront dans votre vie.

105 Nettoyer sans cesse vos mémoires est aussi essentiel que de respirer

Le cycle respiratoire à une fonction précise. Celle d'apporter l'oxygène (positif) aux cellules et d'évacuer le gaz carbonique (négatif) du corps. Il ne viendrait à personne l'idée de respirer une fois le matin et de ne plus le faire pendant toute la journée.

Votre corps se salit également lorsque vous transpirez et vous trouvez logique de vous laver tous les jours. Alors pourquoi ne faites-vous pas la même chose avec votre esprit ?

Vous devez l'alimenter en pensées positives et évacuer les mémoires négatives régulièrement. Alors que vous apportez beaucoup de pensées négatives (informations télévisées, journaux, radio, discussions sur ce qui ne va pas, etc.) vous ne faite presque rien pour évacuer, tout au long de la journée, ce que vous avez accumulé de nuisible.

Vous trouvez normal de respirer à chaque instant.

Vous trouvez normal de vous laver tous les jours.

Vous devriez trouver normal de nettoyer votre esprit sans cesse.

106 Veillez et priez sans cesse !

Nous trouvons dans les textes anciens une phrase de Jésus qui préconise :

Veillez et priez sans cesse !

Quelle en était la signification ? Voici une proposition : veillez à ce que vos pensées soient toujours dans la vérité (pensées positives) et demandez sans cesse à ce que vos mémoires soient effacées.

Ceci est une interprétation, mais ce qu'il y a de certain c'est qu'en pratiquant sans cesse la pensée positive associée au nettoyage de vos mémoires erronées, votre vie ne peut faire autrement que de s'améliorer à chaque instant, car cela est en harmonie avec les lois universelles.

Rappelez-vous toujours que Jésus comme Bouddha étaient avant tout des hommes qui avaient compris quelque chose qu'ils ont voulu faire partager aux autres. Ceci n'a rien à voir avec les religions créés par d'autres hommes qui ont pu interpréter, déformer, ajouter, enlever, une partie des enseignements d'origines.

Votre seul véritable maître est vous-même et vous ne devez vous fier à des enseignements, comme ceux présents dans ce livre, que s'ils résonnent de vérité et de bon sens en vous.

107 Qu'est-ce qui facilite ou bloque l'inspiration ?

En connaissant ce qui facilite ou bloque l'inspiration vous avez l'opportunité de vous mettre dans les bonnes dispositions pour lui permettre de surgir.

108 Exemples de ce qui facilite l'inspiration :

- La méditation permettant de faire le vide en vous.

- Vous concentrer sur votre respiration.

- Être dans le silence.

- Retrouver votre âme d'enfant.

- Vivre dans l'instant présent.

- Avoir l'esprit ouvert.

- Avoir confiance en vous.

- Être en forme.

- Vous sentir plein d'énergie.

- L'attente confiante.

- Avoir la foi dans les bonnes choses.

Et de façon générale tout ce qui vous fait vous SENTIR BIEN.

109 Exemples de ce qui bloque l'inspiration :

- Penser

- Parler

- Se faire du souci

- Être dans le passé ou le futur

- Se plaindre

- Se critiquer

- Critiquer les autres

- La peur

- Le doute

- L'impatience

- La fatigue

- Le pessimisme

Et de façon générale tout ce qui vous fait vous SENTIR MAL.

110 Videz votre sac à dos pour mieux progresser sur votre chemin de vie

Entre ce que vous pensez être consciemment, et la divinité qui est en vous, il y a toutes les mémoires qui créent l'illusion de toutes vos expériences négatives. Pour accéder à votre partie divine parfaite, vous devez lâcher ces mémoires qui vous encombrent.

Au même titre que vous auriez des difficultés à progresser avec un sac à dos chargé de briques. Effacer vos mémoires grâce à l'ho'oponopono revient à vous délester des briques se situant dans votre sac à dos pour que votre chemin de vie soit plus facile et agréable.

À chaque fois que vous réagissez à une situation conflictuelle, c'est comme si vous ajoutiez une brique dans votre sac à dos. Depuis de nombreuses incarnations, vous accumulez ce poids sur vos épaules. Cela rend votre vie d'autant plus difficile que vous avancez en désirant la contrôler consciemment avec votre ego.

Ce choix qui vous a été donné de penser par vous-même avec votre ego ou de faire confiance à votre divinité intérieure en lâchant prise est le carrefour qui détermine vers quel futur vous allez.

Soit vous vous dirigez vers des expériences de souffrances de plus en plus difficiles en laissant votre ego orienter votre vie. Soit vous accédez à la vérité, qui vous rend libre, en demandant à votre divinité intérieure de choisir ce qui est bon pour vous.

111 Votre ego va réagir, car il ne veut pas mourir

Lorsque vous vous tournez vers votre liberté en lâchant prise, votre ego, qui ne veut pas mourir, fait tout pour vous détourner de cette voie en vous inondant de pensées qui vous empêchent de rester dans le silence intérieur. C'est alors qu'il vous faut redoubler de lâcher-prise en nettoyant toujours et encore jusqu'à ce que vos pensées se fassent de plus en plus rares à mesure que vos mémoires sont effacées par la pratique de l'ho'oponopono.

112 Reposez-vous, mais n'abandonnez jamais et la victoire est certaine !

Tenez bon même s'il vous arrive de ne pas constater de résultat visible. Cela se passe depuis votre monde inconscient et le traitement agit de toute façon. Votre partie divine ne vous laisse jamais tomber et ne se détourne jamais de vous. Mais c'est vous qui pouvez vous détourner d'elle dans des moments d'impatience, de peur, de doute ou de fatigue.

Votre déconnexion de votre partie divine intervient lorsque vous vous sentez mal. Vous vous reconnectez lorsque vous vous sentez bien.

113 Reprenez le pouvoir en acceptant à 100 % la responsabilité de votre vie

Ce qui vous détourne de la vérité est de vouloir reporter sur les autres et sur les conditions extérieures les événements de votre vie qui vous semblent négatifs. Lorsque vous dites : c'est la faute du voisin, du maire, de la météo, du gouvernement, etc., vous vous privez du pouvoir qui est en vous et vous donnez ce pouvoir à ces conditions extérieures.

Pour reprendre votre pouvoir, la première chose à faire et de prendre l'entière responsabilité de tout ce qui se passe dans votre vie. Ainsi ce que vous avez pu créer vous allez pouvoir l'effacer ou créer une nouvelle situation.

Dans la méthode ho'oponopono le « Je suis désolé » est la prise de conscience et l'acceptation que vous êtes responsable à 100 % de votre vie. C'est le « starter » qui va engager la reprise de votre pouvoir intérieur.

Ne plus vouloir contrôler votre vie avec votre ego (conscient) et la remettre entre les mains de votre partie divine (inconscient) vous ouvre à des expériences extraordinaires qui vous paraîtront miraculeuses. Plus vous retrouverez votre âme d'enfant, plus la vérité, la liberté et la joie feront partie de votre quotidien.

114 Libérez-vous de vos croyances, opinions, peurs et attachements en faisant le vide

Les croyances, les opinions, les peurs et les attachements déforment les informations comme un prisme déforme la lumière. Pour que la vérité vous parvienne sans déformation, il ne doit plus y avoir de croyances, d'opinions, de peurs ni d'attachements contenus dans les mémoires.

En vous libérant des mémoires, vous vous libérez de tout ce qui n'est pas vous et vous recevez les informations sous leurs formes originelles. C'est en faisant le vide de toutes vos mémoires (les négatives mais aussi les positives qui créent l'illusions) que votre perfection apparaît naturellement.

115 Ne vous comparez pas aux autres

Dans notre civilisation moderne, vous êtes conditionnés à vous comparer aux autres. Ce monde est le monde de la concurrence où il faut être toujours plus beau, plus grand, plus fort, mieux habillé, avoir une plus belle voiture ou maison, et être plus performant que les autres.

Ceci vous dévie de notre véritable objectif qui est tout simplement de vous sentir bien avec ce que vous avez déjà sans vous soucier du fait que quelqu'un ait plus que nous, même si la seule chose que vous ayez est la conscience d'être en vie.

Être bien en étant dans une cabane et plus important que de sentir mal et jaloux dans une maison parce que celle du voisin est plus grande ou vous semble plus fonctionnelle. Enfant vous le compreniez naturellement et vous étiez plus heureux dans votre cabane dans les arbres avec vos copains que seul dans votre chambre.

116 Commencez toujours par vous-même et irradiez de bienveillance autour de vous

Lorsqu'il s'agit d'aimer, de pardonner, de remercier ou de toutes autres choses. Commencez toujours par vous même, car en dehors de vous il n'y a rien. Ceci n'est pas égoïste, mais respecte simplement un principe universel qui dit que l'on ne peut donner ce que l'on a déjà.

Connaissez vous l'adage : **Charité bien ordonnée commence par soi-même.**

- Si vous désirez aimer, vous devez d'abord vous aimer.

- Si vous désirez pardonner, vous devez d'abord vous pardonner

- Si vous désirez remercier, vous devez d'abord vous remercier

Lorsque vous êtes plein des énergies d'amour, de

pardon ou de gratitude, il vous est plus facile de les distribuer autour de vous.

Généralement, les personnes qui vous entourent auront tendance à vous traiter comme vous avez l'habitude de vous traiter et de les traiter. Effet miroir ! Soyez donc aimable, attentif, patient avec vous-même et autour de vous et les autres en feront autant à votre égard.

Vous n'êtes pas obligé de verbaliser l'amour, le pardon, la gratitude. Tout peut se faire depuis votre monde intérieur, comme si vous passiez un baume invisible qui va rétablir et harmoniser les relations avec les personnes qui sont concernées par vos demandes.

117 Ne confondez pas permettre et tolérer

En découvrant la troisième loi universelle « la loi du permettre », beaucoup de personnes la confondent dans son application avec la tolérance.

La principale différence qu'il y a entre les deux est l'état d'être dans lequel vous vous trouvez. Si vous laissez votre enfant monter dans un arbre et que vous ne vous vous sentez pas bien à cette idée, vous ne faites que tolérer. Par contre si vous arrivez à vous détacher de l'appréhension du fait que votre enfant soit dans l'arbre tout en vous sentant bien, vous permettez.

La tolérance est associée à un « mal-être » alors que le permettre est associé à un « bien être ». La tolérance attire de mauvaises situations et le permettre de bonnes expériences.

Posez-vous la question de savoir si vous avez toléré ou permis les situations suivantes :

- Lorsque votre enfant est sortie le soir avec ses camarades.

- Lorsque votre conjoint est sorti sans vous à une soirée.

- Lorsque votre enfant a eu son premier scooter.

- Lorsque vous avez prêté votre voiture à un ami.

- Lorsque vous avez laissé le médecin ou le dentiste vous soigner.

Comment vous sentiez-vous ? Bien ou mal ? Avez-vous permis ou toléré ? Vous êtes vous attiré de bonnes ou de mauvaises choses ?

Le fait d'émettre un « mal-être » face à une situation équivaut à lui attribuer le jugement « je déteste cela, mais je laisse faire quand même ».

Pensez désormais à permettre aux situations d'être, sans les juger, pour vous créer une meilleure vie !

Sentez-vous bien même si votre enfant monte dans l'arbre ou si votre conjoint sort avec ses collègues, car c'est le chemin vers votre liberté.

118 Impatience et attente sont aussi des mémoires

L'impatience et les attentes que vous émettez sont toujours guidées par votre ego qui veut contrôler votre vie. Ce sont également des mémoires que vous pouvez éliminer par l'ho'oponopono.

Ne pas savoir ce qui va arriver n'est pas dans vos habitudes et c'est pourtant la seule manière que vous avez d'obtenir ce qu'il a de mieux pour vous, en laissant votre partie divine choisir à votre place.

Lâchez l'impatience et les attentes, c'est seulement à ces conditions que les miracles parfaits peuvent apparaître dans votre vie.

119 N'est prisonnier que celui qui le croit

Vous êtes à l'image de cet homme qui est prisonnier d'une pièce parce qu'il croit que la porte est fermée à double tour. En fait, il n'a jamais eu l'idée de tourner la poignée et s'autorise lui-même à être prisonnier alors que personne d'autre que lui ne l'empêche de sortir.

Prenez conscience que vous avez la capacité de sortir de toutes les situations que vous pensez fâcheuses en lâchant prise, et c'est ce qu'il adviendra. Ne vous laissez pas influencer par ce que vous voyez, mais faites confiance que tout est ira pour le mieux.

Après avoir nettoyé les mémoires mettez-vous dans la joie comme si votre problème n'avez jamais existé sans avoir d'autre attente que de vous sentir bien ici et maintenant, et laissez agir la magie.

120 Votre véritable mission

Vous n'êtes pas dans cette incarnation pour accumuler des biens matériels. Mais pour vous libérer de ce qui vous éloigne de la source. Depuis que vous avez décidé de penser par vous même (histoire de la pomme d'Adam et Ève), vous avez créé une extraordinaire multitude de mémoires.

Lorsque vous aurez fait marche arrière, en les effaçant toutes, vous serez de nouveau au point zéro, vierge de toute mémoire. Depuis ce point vous pouvez continuer à vous laisser guider sur le bon chemin, non plus par votre ego, mais par l'intelligence infinie (votre divinité intérieure) dont vous n'avez pas conscience.

Vous êtes parfait en essence, mais vos mémoires sont imparfaites. Ce sont elles qui vous donnent l'illusion de la dysharmonie, de la maladie, du mal-être, de la haine, de la pauvreté et de tout ce qui n'est pas parfait chez vous ou chez les autres.

En vous séparant de ces mémoires, l'illusion va s'estomper peu à peu et l'harmonie va régner de plus en plus dans votre vie. Sous forme de santé, de bien-être, d'amour, d'abondance et de tout ce qui est parfait.

121 La peur de l'inconnu vous empêche de lâcher-prise

Une des particularités de l'être humain est qu'il préfère souffrir en concevant des habitudes nocives sous prétexte qu'il les connaît plutôt que d'aller vers l'inconnu qui lui fait peur. D'où l'adage : on sait ce que l'on perd, mais l'on ne sait pas ce que l'on gagne !

C'est pour cette raison qu'il est si difficile de lâcher-prise. En vous en remettant à votre partie inconsciente, vous allez vers l'inconnu en ce qui concerne les résultats. Ne sachant pas qui pilote votre vie cela vous effraie.

Il en va de même lorsque vous préférez conduire votre voiture plutôt que vous laisser conduite. Cela vient d'un manque de confiance en l'autre dans sa capacité à prendre les bonnes décisions pour vous amener à bon port en toute sécurité.

Lorsque vous accordez une totale confiance à la partie dont vous n'avez pas conscience, vous avez « la foi qui déplace les montagnes » et c'est elle qui se chargera de prendre les meilleures décisions pour vous.

122 Simplifiez votre vie en vous en remettant à votre partie inconsciente

Lâcher-prise, lâcher votre ego, en vous mettant dans l'état d'être que la solution idéale est déjà arrivée sans attente quant au résultat est la clef qui matérialise les miracles.

Le lâchez prise est le chemin le plus court et le plus facile vers votre bonheur, puisque le lâcher-prise est le fait de ressentir que vous avez déjà tout ce qu'il vous faut pour être heureux, avant même que cela ne se soit matérialisé dans votre vie.

Et c'est justement l'émission de cette vibration de bonheur qui va attirer dans votre vie tout ce qui va soutenir ce bonheur par des matérialisations extérieures.

Du fait que vous n'avez pas émis de désir particulier, ni d'attente ou d'objectif autre que « cela se passe au mieux », vous laissez toute latitude à votre partie inconsciente de choisir pour vous ce qui est idéal. L'intelligence infinie parfaite vous connaissant mieux que votre partie consciente matérialisera dans votre vie des expériences également parfaites, auxquelles vous n'auriez tout simplement pas pensé si vous aviez utilisé votre ego.

123 Victime, bourreau et sauveur tous en UN

Certaines philosophies vous expliquent qu'au plan karmique, lorsqu'une personne a été un bourreau, elle deviendra la victime dans une prochaine vie. Et si elle sauve une personne, un sauveur lui viendra également en aide. C'est ainsi que vous pouvez passer par toutes les étapes de victime, bourreau et sauveur pour un même événement.

Comment cela est-il possible me direz-vous ? Souvenez-vous que tous les êtres sont une seule et même conscience vivant les expériences de sept milliards d'individus. C'est pour cela que l'on parle d'individualités, car la conscience unique s'est divisée en autant d'humains, et même bien au-delà, car nous devons ajouter tous les plans, minéral, végétal, animal et tout ce qui EST.

De plus, comme l'expliquait Albert Einstein, le temps et l'espace n'existent pas. Ce sont des illusions. Il n'existe en vérité que l'instant présent et tout se passe simultanément.

En reprenant ces deux paramètres : nous sommes tous UN et tout se passe simultanément, vous comprenez mieux comment lorsqu'il y a un événement impliquant trois personnes : Un bourreau, une victime et un sauveur. En fait, les trois sont vous et uniquement vous !

Ceci corrobore ce que disait le docteur Ihaleakala Hew Len. Lorsqu'on lui demandait pourquoi il se guérissait lui même au lieu de guérir les autres pour obtenir des résultats, il répondait : les autres, quels autres ?

Évidemment, beaucoup purent penser que cela était sous le ton de la plaisanterie, mais lorsque l'on étudie les principes quantiques tout devient de plus en plus clair. Cela explique pourquoi il est inutile de traiter quelqu'un d'autre que vous pour résoudre une situation qui vous semble extérieure si tout ce que vous percevez par vos cinq sens (ce que vous voyez, entendez, goûtez, touchez et sentez) n'est toujours que vous sous une autre forme.

124 Et si tout n'était qu'un grand rêve et que la mort n'existait pas !

Avez-vous déjà fait un rêve qui vous paraissait plus vrai que nature, dans lequel vous vous déplaciez à la vitesse de la pensée (pas d'espace) ? Où vous pouvez être, faire et avoir tout ce que vous désirez en le créant instantanément (pas de temps). Il vous est possible de vous envoler, de passer à travers les murs ou de sauter d'une falaise sans vous faire mal (omnipotence).

Ce que vous pouvez retenir de ces rêves est avant tout que lorsque vous êtes à l'intérieur vous ne savez pas que vous rêvez. Et c'est seulement au réveil que vous prenez conscience que tout ce que vous avez vécu, du rêve féerique au cauchemar, n'est qu'illusion créée par votre partie inconsciente.

Et si toute votre vie n'était qu'un rêve extraordinairement bien fait duquel vous allez vous réveiller lorsque vous allez mourir. Et c'est justement à ce moment-là que vous allez constater que la mort n'existe pas et que votre esprit subsiste. Vous vous séparez simplement de votre enveloppe charnelle, de votre corps, pour passer à l'incarnation suivante comme vous changeriez de vêtements pour endosser un nouveau rôle.

En partant de ce postulat, que tout n'est qu'illusion comme dans un immense rêve, c'est vous qui donnez vie à tout ce que vous percevez dans ce rêve depuis la partie inconsciente de votre être.

125 C'est la conscience qui crée les forces donnant forme à tout ce qui EST

Tout n'est que conscience et rien n'existe réellement en tant que matière. D'ailleurs, même les scientifiques expliquent que si l'on enlève le vide entre chaque atome, chaque électron, chaque particule, pour regrouper le tout en un même lieu, l'univers tout entier tiendrait dans une main.

Alors si la matière et pour ainsi dire inexistante. Qu'est-ce qui donne cette impression de solidité ? Et bien, il s'agit tout simplement des différentes forces, magnétiques, gravitationnelles, etc. qui maintiennent cette illusion de formes.

Lorsque vous posez votre doigt sur une table, vous sentez la table et vous vous dites que vous avez touché la table. Et bien, ceci est faux. C'est une impression, une sensation que vous avez eue. En réalité, ce sont deux forces opposées qui se repoussent lorsque vous vous approchez suffisamment près de la table.

Si vous aviez un microscope, vous pourriez constater que les atomes de votre doigt et ceux de la table ne se touchent pas et que du vide subsiste entre les deux, même si vous appuyez fortement sur la table.

Vous pouvez faire la même expérience avec deux aimants suffisamment puissants. En présentant les aimants l'un contre l'autre, suivant la polarité présentée, ils vont soit se rapprocher jusqu'à ce coller (ce qui donne l'illusion d'être un seul ensemble alors que ce n'est que la force magnétique qui donne cette impression) soit ils vont se repousser (ce qui donne la sensation qu'ils se touchent alors que ce ne sont que les forces magnétiques qui se repoussent comme celle de la table repousse celle du doigt)

Et qu'est-ce qui crée toutes ces forces ?

La conscience !

Si la conscience change, les forces changent et l'illusion change. Vous pouvez donc tout changer en changeant votre conscience. Vous pouvez tout créer depuis votre monde intérieur, car c'est là que se trouve votre conscience.

126 Conscient et inconscient forment le TOUT

Ce que vous percevez de vous en tant qu'individualité, le corps de l'homme ou de la femme que vous êtes, est la partie consciente de votre esprit.

D'autre part tout ce que vous pensez être séparé de vous, le monde extérieur c'est-à-dire tous les autres humains, la nature, les animaux, les minéraux, les étoiles, etc., est créé par la partie inconsciente de votre esprit. C'est pour cela que tout est relié puisqu'il n'y a que vous et seulement vous.

En additionnant ce que vous avez conscience d'être, et tout ce que vous n'avez pas conscience d'être (mais qui est toujours vous), cela forme **LE TOUT**.

127 Voyez-vous en TOUT ce qui EST

C'est parce qu'il est plus confortable de repousser toujours les fautes sur les autres que vous vous êtes empêtré dans des problèmes. Plus vous vous considérez comme une victime plus vous vous créez des mémoires qui vont confirmer ce que vous craignez. Et vous serez de plus en plus une victime, mais de vous-même uniquement.

Pour sortir de ce cycle infernal d'autopunition vous devez absolument reprendre votre pouvoir et ceci ne peut ce faire que si vous prenez l'entière responsabilité de tout ce qui arrive dans votre monde. Je dis bien de **TOUT** et non pas seulement de ce qui vous semble être de votre ressort lorsque cela touche directement votre personne.

Ainsi un tremblement de terre à l'autre bout de la planète, parce qu'il est entré dans votre vie ne serait-ce que par l'intermédiaire du journal télévisé, fait partie de votre vie. Vous pouvez vous dire en voyant un bateau de croisière qui s'échoue que c'est uniquement la faute du capitaine qui n'a pas donné les bonnes directives à ses membres d'équipages.

Mais souvenez-vous que le capitaine, les membres d'équipage, les passagers et le bateau, c'est toujours vous sous d'autres formes, vivant des expériences différentes en simultané. Aidez-vous vous même, en prenant maintenant la responsabilité depuis cette vie, en effaçant les mémoires communes avec tous les intervenants dans cette catastrophe. Cela sera plus sage que d'attendre de vivre la vie en tant que capitaine, homme d'équipage ou passagers qui subissent le naufrage du bateau.

128 Le bonheur c'est ici et maintenant

Vous pensez qu'un jour lorsque vous aurez réalisé tous vos projets vous serez heureux. Bonne nouvelle, cela peut aller beaucoup plus vite que vous ne l'imaginez. Le bonheur n'est pas dans le futur, mais ici et maintenant dans l'instant présent et c'est là que vous devez le réaliser.

Le paradis ou l'enfer, dont vous parlent les religions, ne sont pas après votre mort, mais dans le présent. Si vous vous sentez bien vous êtes au paradis, si vous vous sentez mal vous êtes en enfer.
Une personne qui subit une dépression est en enfer, celle qui vie dans une joie permanente est au paradis.

129 Accédez à l'instant présent pour accéder au bonheur

Il m'arrive de ne pas partir en vacances pendant toute la belle saison. Certains seraient frustrés en se disant que pendant qu'ils restent chez eux dans leur jardin, d'autres sont à la plage en train de se baigner.

Cette façon de penser qu'il leur manque quelque chose que d'autres ont pour être heureux les rend effectivement malheureux. Dans ce cas, c'est la jalousie qui les fait se sentir mal.

De l'autre coté s'ils étaient sur la plage en pleine saison, il est fort à parier qu'ils auraient râlé d'avoir dû rouler dans les bouchons, ne pas trouver de place de stationnement à moins de deux kilomètres de la plage, d'avoir à payer pour le stationnement du véhicule, d'avoir trop chaud sur la plage, que le sable colle à la peau, que le sel de mer gratte sous le t-shirt, que les glaces soient hors de prix, etc. pour finalement se créer plus de mauvaises émotions que s'ils étaient restés chez eux.

Mais ils sont partis en vacances comme tout le monde et ils ont troqué une émotion de jalousie par une multitude d'émotions de stress.

Faites l'expérience de vous sentir bien dans votre jardin ou sur votre canapé pendant que d'autres sont à la plage. Détachez-vous de la jalousie et vous attirerez à vous des événements qui vous feront vous sentir aussi bien ultérieurement.

Peut-être gagnerez-vous des vacances au chaud sur une île paradisiaque à l'autre bout du monde pendant que les autres sont au travail en plein hiver.

130 Celui qui a raison est toujours celui qui se sent bien

Quelle que soit la condition extérieure, celui qui a raison est toujours celui qui se sent bien.

Un dessinateur de bande dessinée qui reste chez lui et qui prend un grand plaisir à faire ses croquis a raison par rapport à une personne qui est stressée en prenant des vacances sur une plage surbondée.

Les conditions extérieures de travail ou de vacances ne déterminent pas obligatoirement votre état d'être sinon vous seriez toujours mal au travail et bien en vacances ce qui est loin d'être toujours le cas.

131 Remplacez le travail par une passion

L'important est la passion que l'on met dans ce que l'on fait. Vous ne devriez pas avoir un travail, mais **une passion qui vous rapporte**. Lorsque l'on connaît l'origine du mot travail, on n'a plus vraiment envie de l'utiliser. Son origine vient du mot torture lorsque l'on faisait travailler les corps de ceux que l'on écartelait.

Si vous désirez savoir si votre métier est une passion plus qu'un travail, posez-vous la question suivante : rais-je travailler si je n'étais pas payé ? Ou encore : Continuerais-je cette activité si je gagne une grosse somme au loto ?

Si la réponse est non, c'est que votre travail n'est

destiné qu'à vous permettre de payer les factures et de faire bouillir la marmite.

Si la réponse est oui, c'est que c'est une passion qui vous nourrit depuis l'intérieur. Elle vous permet de puiser dans l'énergie universelle. Lorsque vous êtes passionné par ce que vous faites, c'est comme lorsque vous êtes amoureux. Tout devient possible et vous êtes capable de prouesses.

L'amour de ce que vous faites est aussi important que l'amour envers l'âme sœur. Il vous permet d'accéder à une autre fréquence vibratoire qui ouvre vos chakras par lesquels l'énergie afflue dans votre vie. Ce qui vous permet de faire beaucoup plus de choses tout en étant dans le bien-être.

132 Changez votre façon de voir les problèmes

Jusqu'à présent, lorsqu'un problème surgissait dans votre vie, vous aviez tendance à vous dire « Pourquoi cela m'arrive ? » Dorénavant, vous devez vous dire « Comment y trouver une solution ? » Et la réponse la plus simple est l'ho'oponopono « Je vais remettre à ma partie inconsciente le soin d'y remédier ».

La question « Pourquoi ? » vous met en état de victime alors que « Comment ? » vous dirige vers une solution et vous reprenez votre pouvoir.

133 Le véritable maître est en vous

Bon nombre de personnes recherchent un maître

en parcourant les stages, les livres, le monde ou les religions. Ils se disant qu'ils ont besoin de trouver dans le monde extérieur des « gourous » qui sauront apporter les réponses aux questions qu'ils se posent.

Il est vrai que cela peut être une aide très précieuse pour éveiller votre curiosité et vous faire vous poser des questions auxquelles vous n'auriez peut-être pas pensé vous même.

Cela dit, vous devez considérer ces intervenants non pas comme des maîtres, mais comme des guides. La différence fondamentale est que le guide vous montre le chemin, mais il ne pense pas à votre place. Ne laissez personne penser pour vous, mais seulement vous montrer la destination.

C'est ce que voulaient dire la phrase des textes anciens : **Si vous donnez un poisson à un homme, vous le nourrirez une journée, mais si vous lui apprenez à pêcher vous le nourrissez toute sa vie.**

Le véritable guide vous enseignera à pêcher en trouvant le maître en vous.

Le seul véritable maître est la partie de vous dont vous n'avez pas conscience (l'inconscient). En lui posant des questions de la bonne manière, il vous répondra à coup sûr.

134 Comment poser les questions de la bonne façon à votre maître intérieur ?

Pour obtenir une réponse, vous devez vous

tourner vers la demande d'une solution, dans un état de relaxation, suivi d'un lâcher-prise.

Votre façon de poser une question associée à votre état d'être (se sentir bien ou se sentir mal) donnera des résultats différents. Parmi les différentes possibilités de poser une question à votre maître intérieur, nous allons aborder une des plus simples et efficaces.

1. Mettez-vous en état de relaxation en vous concentrant sur votre respiration jusqu'à vous sentir bien.

2. Posez votre question en commençant par « Comment », par exemple :

   • Comment puis-je obtenir une augmentation de salaire ?

   • Comment puis-je rencontrer l'âme sœur ?

   • Comment puis-je obtenir une voiture plus confortable ?

3. Lâcher-prise en concervant un état de bien-être comme si votre souhait était déjà réalisé.

Il est important de ne plus vous occuper du « comment ». C'est maintenant la mission de votre maître intérieur (votre inconscient) à qui vous venez de confier la recherche de la solution.

En vous sentant bien et en imaginant que vous avez déjà ce que vous demandez, concentrez vous sur le « pourquoi » vous aimeriez l'avoir.

Exemple :

Vous posez la question : « Comment puis-je obtenir une augmentation de salaire ? »

Puis vous vous demandez : « Pourquoi aimerais-je avoir cette augmentation de salaire ? »

Réponse : « Parce que je peux partir en vacances plus souvent. » Puis imaginez que vous êtes déjà en vacances, sur une belle plage avec des cocotiers, en train de vous baigner dans une eau à 28°.

La question du « comment cela va arriver » concerne votre maître intérieur. Vous devez vous occuper ensuite uniquement du « pourquoi vous aimeriez l'obtenir » en imaginant que c'est déjà arrivé dans l'instant présent.

Les textes anciens l'enseignent en une seule phrase : « **Tout ce que vous demandez en priant, imaginez que vous l'avez déjà reçu et vous le verrez s'accomplir !** »

Précision : Cette façon de demander ce que vous désirez faisant intervenir une partie de votre ego (imparfait) est l'étape vous permettant de constater votre pouvoir intérieur.

Souvenez vous que dès que vous serez convaincu de l'existence de l'efficacité de la loi d'attraction en faisant intervenir votre ego, vous devrez passer à l'étape suivante qui consiste à faire confiance à

100 % à votre maître intérieur en lâchant prise en permanence (pratiquer l'ho'oponopono) sans jamais avoir d'attente, de manière à ce que ce soit votre maître intérieur (parfait) qui choisisse pour vous la solution parfaite.

Souvenez-vous que chaque fois que vous « réagissez avec votre ego » vous vous créez des mémoires qu'il vous faudra un jour ou l'autre nettoyer pour redevenir qui vous êtes vraiment. Ceci n'est en soi ni bien ni mal, c'est simplement une étape. Vous êtes seul à décider de la vitesse à laquelle vous désirez évoluer.

135 Peut-on se libérer des dépendances ?

Généralement lorsque l'on vous parle de dépendance vous pensez en priorité aux dépendances à l'alcool, aux cigarettes ou aux drogues. Ceci est bien admis dans notre société moderne et des établissements spécialisés sont même mis en place pour aider ceux qui en sont dépendants et leur permettre de s'en libérer avec l'assistance de médecins.

Mais il existe d'autres dépendances auxquelles ont ne pense pas forcément au prime abord. Saviez-vous que s'il y a autant de personnes obèses c'est du fait d'une dépendance à la nourriture et qu'au même titre que toutes autres dépendances ce sont des programmes subconscients (des mémoires) qui vous poussent à faire quelque chose par habitude ?

Les habitudes se font de façon automatique sans se poser de question du style : Ai-je faim ? Avant de passer à table.

Nous mangeons matin, midi et soir à des heures fixes, parce qu'on vous dit que cela est bien que vous ayez faim ou non. Un adage vous dit même : la faim vient en mangeant ! Et c'est tout à fait vrai, car c'est le fait de mastiquer qui envoie une information à votre cerveau qui va déclencher la sensation de faim.

Chose encore plus incroyable est la dépendance à penser. Vos pensées ne sont pas vous. Vous êtes le vide qu'il y a entre deux pensées. Plus vous arrivez à ÊTRE entre deux pensées (vide, silence) plus vous retournez à la source. Le fait de penser de façon compulsive est déclenché par vos mémoires.

Vos mémoires sont donc responsables de toutes vos dépendances des plus évidentes au plus subtiles. Et avec l'ho'oponopono vous avez un outil extraordinaire vous permettant de vous défaire de vos mémoires donc de vos dépendances quelles qu'elles soient.

136 Vous utilisez les dépendances comme des voiles qui cachent vos souffrances

Les dépendances vous permettent de couvrir ce que vous ressentez être « le stress ou le mal-être ».
D'une façon inconsciente (poussée par ses mémoires), une personne stressée va trouver un

soulagement temporaire dans le fait de fumer, de boire, de manger, de se droguer, d'acheter ou de se noyer dans le travail.

Mais aucune de ces façons de faire ne constitue une solution définitive. Ce sont uniquement des « voiles » qui couvrent temporairement la souffrance. C'est une façon de vous détourner temporairement du véritable souci qui vous tracasse.

Vous mettez temporairement un voile devant le projecteur changeant votre perception de l'image, au lieu de vous attaquer à la cause (la mémoire), qui crée cette image.

137 La dépendance à la nourriture solide est-elle également créée par une mémoire ?

Permettez-moi de vous donner un élément qui peut totalement changer votre perception de ce que vous croyez au sujet de la nourriture. Mais cette information est tellement incroyable qu'une simple information dans un livre tel que celui-ci risque de vous faire dresser les cheveux sur la tête.

Si vous désirez réellement faire un bon en avant dans votre évolution du « tout est possible » faites en sorte de voir un film documentaire qui se nomme : « **Lumière** »

Vous y découvrirez des personnes qui ont tenté de vivre sans manger de nourriture solide. Certains ont même décidé d'être des cobayes dans des hôpitaux pour vérifier, sans triche possible, cette capacité de l'être humain de ce nourrir uniquement de prana. Le prana est aussi appelé chi, énergie, source, etc. Un médecin allemand dit vivre de prana et d'eau depuis plus de six ans et un indien explique que cela fait plus de 70 ans qu'il vit uniquement de prana sans eau ni nourriture solide. Science-fiction ou réalité ? C'est à vous de décider !

Une fois que vous aurez vu ce film documentaire. Si vous vous dites « **pourquoi pas !** » et que vous ne vous posez plus la question de savoir si c'est possible, mais de **comment** est-ce possible ?

Peut-être aurez-vous des éléments de réponses dans ce livre qui vous explique que tout est illusion. Que même vos dépendances sont des mémoires ! Que si vous effacez vos mémoires concernant ces dépendances, vous vous libérez des dépendances illusoires également !

138 Sachez vous contenter de ce que vous avez déjà

Se sentir mieux ! C'est ce qui vous pousse à acheter le dernier jean à la mode alors que vos armoires regorgent de vêtements et que manifestement ce n'est pas un achat indispensable.
Et si au lieu d'ajouter quelque chose pour camoufler votre souffrance vous vous attaquiez directement à ce qui cause la souffrance en vous séparant des mémoires qui vous poussent à acheter.
Cela vous permettrait de vous sentir bien avec ce que vous avez déjà, au lieu de souffrir de ce que

vous n'avez pas ou de ce que les autres ont de plus que vous.

C'est d'ailleurs une des définitions du bonheur : **« Savoir se contenter de ce que l'on a déjà »**.

Être dans la gratitude pour ce que l'on a plutôt que d'être envieux de ce que l'on aimerait avoir. Ce sont deux fréquences diamétralement opposées qui attirent à vous des expériences tout aussi opposées.

Vous sentir bien sera toujours la chose la plus importante, mais c'est la façon d'y accéder qui va, soit vous emprisonner en vous créant toujours plus de mémoire, soit vous libérer en effaçant les mémoires.

Vous sentir bien, en choisissant ce que vous désirez, crée des mémoires qui vous emprisonnent dans l'illusion. Vous sentir bien sans attente lorsque vous faites l'ho'oponopono, vous libère des mémoires créant l'illusion.

139 "Être ou ne pas être, telle est la question" disait Hamlet

Lorsqu'une addiction ou dépendance vous pousse à réagir (acheter, fumer, boire, etc.) vous pouvez soit céder à cette envie soit lâcher-prise en nettoyant les mémoires, causes de ces dépendances, jusqu'à vous sentir bien.

Dans les deux cas, vous vous sentez mieux, mais l'un est temporaire et vous rend esclave de vos mémoires et l'autre est radical et vous en libère. Vous seul pouvez décider du chemin que vous désirez prendre. Vous vous êtes autocréé une identité illusoire puisque ce que vous imaginez être est la somme de vos mémoires créant cette illusion.

Être ou ne pas être ! Là est la question !

Décider par votre ego de ce que vous désirez ou demandez à votre partie inconsciente de décider pour vous ce qu'il y a de mieux ! Cela vous dit-il quelque chose ?

140 Être sans jugement, sans opinion, sans croyance, sans attente, sans mémoire apporte la paix

Si vous avez besoin d'une raison pour vous sentir bien, vous n'êtes pas libre. Si vous faut être en bonne compagnie, avoir une voiture, une maison ou beaucoup d'argent pour vous sentir bien, alors comment vous sentez vous s'il vous manque une ou plusieurs de ces choses ?

Sans doute mal dans votre peau et miséreux. La clef réside dans le fait que vous devez vous sentir bien sans raison. Et cet état de paix ne peut s'obtenir qu'en ayant suffisamment effacé les mémoires qui vous font croire que vous avez « besoin de quelque chose » pour être bien.

Vous devez retourner à votre état « d'être » sans rien de plus. ÊTRE sans jugement, sans opinion, sans croyance, sans attente, sans mémoire, et c'est alors que votre maître intérieur prend le relais pour de surcroît vous apporter tout ce dont vous avez besoin pour supporter ce bien être.

Le hasard est une réponse à une fréquence vibratoire. Et justement le hasard (univers, Dieu) a voulu que je pose mes yeux sur un message dessiné sur une plaque dans la maison de campagne des amis dans laquelle je suis accueilli. Voici la phrase qui résume ce que je viens de développer :

141 L'homme vaut par ce qu'il est. Pas par ce qu'il a.

142 L'amour agit sur vos problèmes comme la lumière sur l'obscurité

Lorsque vous allumez une ampoule dans une pièce, l'obscurité laisse sa place à la lumière. La lumière est de l'énergie sous forme de photons.
L'obscurité n'existe pas en elle même. C'est un terme utilisé pour indiquer un manque de l'énergie lumière. Lorsque vous envoyez de l'amour à un problème, celui-ci est dissout. Ce que vous voyez comme un problème est un manque de perfection. Il n'existe pas en lui même.

En appliquant l'énergie amour à tout ce que vous considérez comme un problème vous augmentez sa fréquence vibratoire et le transformez en solution. Un problème et sa solution sont de la même nature. Seule leur fréquence vibratoire change.

Pour vous donner une autre comparaison,

imaginez que vous avez une pièce froide (problème) et que vous y envoyiez de l'énergie positive (amour) le résultat sera de la chaleur (solution).

En comprenant ce principe, il devient évident que si vous désirez voir disparaître vos problèmes vous devez les aimer.

C'est ce que les textes anciens veulent vous enseigner : Aime tes ennemis comme toi-même !

En aimant vos ennemis (problèmes), ils sont transformés en amis (solution) ou dissouts (disparaissent de votre expérience) par l'amour (l'énergie positive) que vous leur appliquez.

Ceci vous explique également la phrase qui dit que : Tout ce à quoi l'on résiste persiste !

Vous trouvez évident que pour éteindre un feu il vous faille y mettre son opposé l'eau. Il ne vous viendrait pas à l'idée d'essayer de l'éteindre avec plus de feu.

Pourtant en répondant à la colère par la colère, à la haine par la haine, à un problème en y pensant encore plus vous ne faites que les attiser, comme vous attiseriez le feu avec plus de feu.

Pour résoudre un problème, vous devez y appliquer l'énergie universelle de l'amour qui dissout tout ce qui n'est pas la vérité*. Le processus de l'ho'oponopono contenant en lui cette énergie d'amour va dissoudre vos problèmes comme l'eau éteint le feu. Désolé, pardon, merci, je t'aime.

Aimer vos ennemis, vos problèmes, vos tracas, vos addictions, vos défauts, votre ego est la meilleure solution pour faire le ménage dans votre vie. L'amour va dissoudre tout ce qui est imparfait pour laisser la place à la perfection. Avec l'amour, vous ne pouvez pas vous tromper.

C'est automatique, car c'est la partie de vous dont vous n'avez pas conscience (parfaite) qui fait le travail à la place de votre ego (imparfait).

Une chose parfaite ne pouvant générer que la perfection, vos ennemis, vos problèmes, vos tracas, vos addictions, vos défauts et votre ego sont transmutés en amis, en solutions, en paix de l'esprit, en liberté, en qualité, en sagesse, ou finissent tout simplement par disparaître de votre expérience à force d'y appliquer de l'amour.

143 La peur paralyse, la respiration consciente vous libère

Avez vous remarqué que lorsque vous avez peur vous avez le souffle court, voir même vous retenez inconsciemment votre respiration. Si la peur a une action sur le souffle, la maîtrise de la respiration à une action sur la peur.

Lorsque vous êtes soumis à une peur, reprenez le pouvoir sur votre corps en respirant consciemment, profondément et lentement.

Exemple : Comptez jusqu'à sept* en inspirant, bloquez votre respiration pendant trois secondes*, expirez en comptant jusqu'à sept*, bloquez en comptant jusqu'à trois*, etc. Concentrez-vous pendant quelques cycles d'inspiration et d'expiration et voyez réapparaître le bien-être en vous.

*trois ou sept secondes : Vous pouvez faire varier le temps pendant lequel vous inspirez, bloquez et expirez. L'important est de contrôler consciemment votre respiration en vous sentant bien.

144 Charité bien ordonnée commence par soi-même

Une mauvaise interprétation des textes anciens fait penser à certains qu'ils doivent faire passer les autres avant eux. Ils se mettent au service des uns et des autres dans le monde extérieur tout en espérant un retour de leur part. Souvent, ils sont déçus et ne comprennent pas pourquoi leur sacrifice est si mal récompensé.

La réponse se trouve dans ce sentiment de sacrifice. Cette émotion émet une basse fréquence vibratoire qui attire des événements de même qualité. Vous êtes toujours la seule personne qui vous récompensez ou qui vous exploitez.

C'est une illusion de penser que ce que vous obtenez vient des autres. Cela vous revient par l'intermédiaire de l'illusion que sont les autres, mais en fait c'est toujours vous.

Rappelez-vous : En dehors de vous, il n'y a rien !

Pour se mettre au service des autres (de l'illusion que sont les autres), il vous faut respecter trois conditions :

- Avoir en soi ce que l'on veut offrir aux autres

- Avoir une action inspirée (se sentir bien et agir dans la joie)

- Ne pas attendre de retour

Vous devez d'abord avoir en vous ce que vous désirez offrir aux autres. De même que vous ne pouvez pas donner l'argent que vous n'avez pas dans le monde extérieur, vous ne pouvez pas donner d'amour si vous ne le ressentez pas en vous même.
Soyez d'abord débordant de ce que vous souhaitez ensuite offrir et vous ne manquerez jamais de rien.

En faisant une action inspirée, dans la joie, émanent de vous de bonnes fréquences vibratoires qui vont attirer uniquement de bonnes choses (félicitations, retours positifs, etc.)

Ne pas attendre de retour évite les résistances énergétiques qui justement bloquent les effets positifs mentionnés ci-dessus.

145 Différence entre envie, vouloir, besoin et il faut que

Prenons l'exemple d'une action à entreprendre.

Voyez-vous la différence d'approche entre ces phrases :

- J'ai envie de travailler (cela vous rend joyeux et vous le feriez sans être payé)

- Je veux travailler (vous le voulez pour une raison précise comme gagner de l'argent)

- J'ai besoin de travailler (c'est une obligation pour payer vos factures)

- Il faut que je travaille (c'est une urgence qui vous culpabilise)

Seule l'envie de travailler est une action inspirée. Les autres sont des actions raisonnées. Si vous êtes déjà dans l'envie de travailler, bravo ! Sinon trouvez l'activité qui vous donnera l'envie d'avoir envie !

146 L'action doit se faire dans la joie, non dans la culpabilité

Pour qu'un maître nageur puisse aider une personne qui se noie, il doit d'abord se sentir à l'aise dans l'eau et savoir parfaitement nager. Il ne viendrait pas à l'idée d'une personne qui ne sait pas nager, de sauter dans l'eau pour porter secours à une autre personne.

Pourtant c'est ce que font bon nombre de malheureux qui volent au secours de personnes alors qu'elles-mêmes sont dans la souffrance. C'est souvent la culpabilité qui les pousse à agir. Or la culpabilité est une mauvaise émotion d'où rien de bon ne peut émerger.

En vous concentrant d'abord sur le bien-être en vous, vous serez surpris de voir que les choses s'arrangent aussi pour les autres. Logique puisque les autres c'est vous ! Utilisez l'ho'oponopono avec le cœur (dans le bien-être) est plus efficace que de vouloir changer une situation par une action malheureuse (dans le mal-être) qui ne sera que temporaire.

147 Le yo-yo des affaires

Pour les personnes qui évoluent dans le monde des affaires, il n'est pas rare de voir leur entreprise chuter après avoir eu une progression importante. Ils ont ainsi l'impression de jouer au yo-yo et pensent que cela est dû à la crise, à la conjoncture, à leurs concurrents ou à toute autre raison extérieure. En réalité leur activité n'est que le reflet de leur monde intérieur. Leur motivation à atteindre un objectif crée la croissance.

Lorsque celui-ci est atteint, ils ont peur de perdre ce qu'ils ont acquis, ce qui attire ce sur quoi ils se concentrent à présent c'est-à-dire « la perte ». Alors qu'ils devraient se poser un nouvel objectif plus important et se concentrer dessus immédiatement.

Cette méthode pour « acquérir par la loi d'attraction » fonctionne parfaitement, mais vous créez de nouvelles mémoires puisque vous utilisez votre ego. Pour gagner du temps, au lieu de vouloir acquérir ce que votre ego désire en créant des mémoires, pourquoi ne pas immédiatement demander à votre partie inconsciente d'effacer les mémoires de « la peur de perdre » qui attire la chute de vos affaires ?

Plus vous vous séparez des mémoires de pénurie qui sont dans votre subconscient et plus vous vous rapprochez de ce que vous êtes vraiment :

un être d'abondance !

148 Nettoyez vos aimants pour retrouver la perfection

Comparez vos mémoires à des aimants. Vous avez déjà à l'origine des aimants positifs parfaits :

- L'aimant qui attire la santé

- L'aimant qui attire la paix de l'esprit

- L'aimant qui attire l'amour

- L'aimant qui attire l'abondance

- Etc.

Mais tous ces aimants sont recouverts de mémoires négatives qui créent des résistances et les empêchent de fonctionner correctement.

Vous avez le choix de créer de nouveaux aimants imparfaits avec votre ego ou de nettoyer les aimants parfaits que vous avez déjà en vous.

Il est plus simple d'enlever les résistances en effaçant les mémoires négatives pour que vos aimants positifs, parfaits d'origines, puissent attirer naturellement la perfection, plutôt que de vouloir acquérir de nouveaux aimants imparfaits.

Exemple de pratique : Intelligence infinie nettoie en moi ce qui m'empêche d'attirer la perfection. Je suis désolé, pardonne-moi, merci, je t'aime.

Lorsque vos aimants parfaits seront bien propres, la santé, la paix de l'esprit, l'amour et l'abondance deviendront votre quotidien sans effort.

149 Nettoyer vos mémoires au lieu de leur réagir est le plus court chemin vers la perfection. Fred Stanford

150 Destin et libre choix

Vous êtes-vous déjà posé cette question : le destin existe-t-il ?

Si le destin existe, il serait logique de se dire que, comme tout est écrit, nous ne pouvons rien y changer et que le libre arbitre n'existe pas.

Maintenant si vous vous posez la question : Le libre arbitre existe-t-il ?

En étudiant les lois universelles, telle que la loi de la création délibérée, vous comprenez que c'est vous qui attirez à 100 % les expériences que vous vivez.

Dans ce cas, vous pourriez vous dire que le destin n'existe pas si vous pouvez changer à volonté ce qu'il advient dans votre vie. Cette situation semble être antagonique.

151 Comment faire coexister les deux principes paradoxaux destin et libre arbitre ?

En fait, tout est écrit sur une infinité de lignes de vie différentes et c'est vous qui à chaque instant faites varier votre fréquence vibratoire qui détermine sur quelle ligne de vie vous vous positionnez.

Votre état d'être (bien-être ou mal-être) va se syntoniser sur la fréquence vibratoire d'un des programmes de ligne de vie préétablis.

En vous sentant bien vous évoluez sur une des lignes de vie où le programme est sympathique.

En vous sentant mal, vous évoluez sur une des lignes de vie où le programme est antipathique.

152 Vous naviguez dans l'univers des potentialités

Lorsque l'on a posé la question à Albert Einstein : « L'univers est-il sympathique ou antipathique ? » Il nous fit comprendre que :

« L'univers est comme vous l'imaginez ».

Puisque vous avez la capacité de changer votre état d'être, vous avez le choix de la fréquence que vous désirez obtenir. Le libre arbitre existe donc bel et bien.

Étant donné qu'il existe une infinité de lignes de vie « préprogrammées », nous devrions dire que « les destins existent ». C'est ce que certains appellent « l'univers des potentialités ».

À chaque fois que vous prenez une décision ou que vous vous engagez dans une direction, il existe d'autres décisions et d'autres directions que vous auriez pu prendre. Ces autres décisions et autres directions existent en tant que « potentialité » que vous vivez dans une vie parallèle avec un autre vous même.

Faites un parallèle avec les stations de radio. Elles existent toutes au même moment sans que vous en ayez conscience. Les multiples radios correspondent alors aux différentes lignes de vie. Vous ne captez qu'une seule fréquence de radio à la fois, mais vous pouvez changer de station en faisant varier votre récepteur et passer ainsi d'une station de radio à une autre.

C'est ce qui se passe en faisant varier votre propre fréquence vibratoire (votre état d'être), vous passez d'une ligne de vie à une autre sans vous rendre compte que les autres lignes de vie coexistent dans d'autres dimensions (fréquences vibratoires différentes).

Pour vivre sur une ligne de vie où la joie existe, ressentez la joie ici et maintenant.

Pour vivre sur une ligne de vie où l'amour existe, ressentez l'amour ici et maintenant.

Pour vivre sur une ligne de vie où l'abondance existe, ressentez l'abondance ici et maintenant.

Pour vivre sur une ligne de vie où vous êtes mince, sentez-vous mince ici et maintenant et vous le deviendrez.

153 Ressentez dans l'instant présent l'émotion de ce que vous désirez voir apparaître dans votre vie. Fred Stanford

154 Vous devez voir au-delà des apparences pour élever votre conscience

Lorsque vous constatez qu'une personne n'est pas parfaite, vous devez immédiatement vous rappeler que ce sont des mémoires qui jouent ce rôle et non pas l'être. Mettez-vous dans la situation des comédiens qui jouent un rôle sur scène.

Si un comédien vous dit quelque chose de désagréable vous savez que ce qu'il dit n'est qu'un texte appris par cœur (un rôle, une mémoire), mais que ce n'est pas lui, en tant que tel, qui le pense.
Vous n'avez pas à réagir émotionnellement puisqu'en voyant au-delà des apparences vous vous rendez compte que ce n'est pas votre ami Eddy qui vous parle, mais le personnage de Jack qu'il a endossé le temps d'un rôle.

Dans votre vie de tous les jours, vous devez

apprendre également à voir au-delà des apparences en comprenant que ce que vous percevez comme des dysharmonies par vos cinq sens, ne sont que des mémoires qui remontent à la surface.

Vous avez le pouvoir de les dissoudre par la pratique de l'ho'oponopono en acceptant à 100 % votre responsabilité et en répétant comme une litanie : Désolé. Pardon. Merci. Je t'aime.

Le fait de voir au-delà des apparences revient à élever votre conscience. En prenant la vie du bon côté. En vous sentant bien quoi qu'il arrive parce que vous vous rendez compte que les situations vécues ne sont que des illusions, créées par des mémoires que vous avez la possibilité d'effacer. Vous restez dans le bien-être et vous pouvez changer les choses.

155 La folie selon Albert Einstein

Albert Einstein disait : « **La folie est de faire toujours la même chose en pensant que cela va changer** ».

Ce qu'il voulait dire est que vous ne pouvez pas changer quelque chose dans votre vie en gardant la même fréquence vibratoire que celle qui lui a donnée naissance.

Autrement dit lorsque vous avez créé une situation en vous sentant mal (fréquence vibratoire de malaise) vous ne pouvez pas changer cette situation en faisant la même chose (vous sentir mal), mais en changeant votre fréquence vibratoire (en vous sentant mieux).

Nous avons déjà vu que nous ne pouvions qu'attiser le feu en y mettant encore plus de feu. De la même façon vous perpétuez une situation que vous percevez mauvaise en vous sentant mal. Par contre en vous sentant bien devant cette même situation, vous lui permettez de changer, car vous avez vous-même changé de fréquence vibratoire.

156 Soyez le changement que vous voulez voir apparaître dans le monde

La fameuse phrase du Mahatma Gandhi :

« **Soyez le changement que vous voulez voir apparaître dans le monde** » prend tout son sens.

Pour changer une situation, quelle qu'elle soit, vous devez d'abord changer votre façon de la percevoir émotionnellement parlant. En la percevant comme elle est, elle perdure. En la percevant comme vous aimeriez qu'elle soit, elle change. Ressentez le changement déjà accompli pour l'attirer à vous.

157 Vous ne devez pas voir la vie telle qu'elle est, sinon elle va perdurer. Mais vous devez voir la vie comme vous aimeriez qu'elle soit et elle le deviendra. Fred Stanford

158 Vos ancêtres vous ont transmis vos mémoires

En comprenant que nous sommes responsables à 100 % de tout ce qui nous arrive, nous ne pouvons nous empêcher de réagir comme si nous n'avions qu'une vie. Nous arrivons à comprendre qu'en pensant, parlant et agissant dans celle-ci nous avons pu établir des mémoires qui remontent à la surface plus tard.

Par contre, lorsqu'il nous arrive une chose dont nous n'arrivons pas à avoir le souvenir de quand et comment nous avons pu la créer dans cette vie, un effort supplémentaire nous est demandé pour comprendre que nous avons hérités des mémoires de nos ancêtres.

Lorsque l'on parle des ancêtres qui vous ont transmis vos mémoires, vous imaginez que ce sont vos parents, grands-parents, arrière-grands-parents, etc. Ceci est vrai, mais ce n'est pas suffisant.

Souvenez-vous que le temps et l'espace sont des illusions de votre ego et que tout se passe simultanément. Rappelez-vous également que tous les êtres que vous croisez sont tous « d'autres vous même » qui vivent une multitude d'expériences sous les traits d'autres incarnations.

Vous avez donc hérité de toutes les mémoires des personnes qui sont entrées d'une manière ou d'une autre dans votre vie. Même si c'est par l'intermédiaire de la télévision, de la radio ou toutes autres formes d'informations.

159 Vous êtes l'auteur et le lecteur de ce livre

Vous lisez ces lignes en tant que lecteur qui vie une expérience où vous apprenez la vérité sur ce que vous êtes. L'auteur que je suis est toujours vous qui vivez une expérience, où après avoir compris la vérité, décide de la transmettre à vos autres vous-même pour vous aider à évoluer.

Vous allez peut-être vous dire à ce moment-là. Holà ! C'est bien difficile à comprendre. Si j'étais vraiment aussi l'auteur de ce livre, je devrais pouvoir tout comprendre instantanément.

Laissez-moi vous poser une question : si vous faisiez un voyage dans le temps pour retrouver l'enfant que vous étiez à dix ans. Pensez-vous qu'à l'époque vous pouviez comprendre tout ce que vous savez maintenant ?

Certainement pas, car depuis vous avez évolué. Et bien, il en est de même entre chacune de vos incarnations. Comme entre vous et moi qui suis un autre vous-même.

Au moment où vous écrivez ces lignes sous la forme de Fred Stanford vous avez compris deux choses fondamentales. La première c'est que vous devez évoluer (connaître la vérité) en tant que Fred Stanford et la deuxième est que vous devez aider tous les autres vous-même qui font d'autres expériences sous la forme, entre autres, de qui vous êtes actuellement a évolué également. Ce qui explique ce livre qui sert à aider les autres vous-même à évoluer.

Si tous les êtres qui s'éveillent (qui découvrent la vérité), qui sont vous, aident tous les autres eux-mêmes à comprendre cette même vérité, nous allons tous atteindre l'éveil universel jusqu'à retourner à l'unicité. Nous redevenons tous UN !

Quel serait votre souhait si, en faisant un voyage dans le temps comme dans le film « retour vers le futur », vous étiez en face de vous-même à l'âge de dix ou vingt ans ? Très certainement, vous vous donneriez les clefs pour comprendre le fonctionnement de l'univers (la notice d'utilisation de vous-même) dans le but d'aider cet autre vous même à avoir une vie meilleure. C'est ce que « vous et moi » nous efforçons de faire au travers de ces lignes.

160 L'évolution est l'aptitude au bonheur.

Chaque être sur la planète est toujours vous avec une différence d'évolution. Nous ne devrions jamais classer les êtres par ordre de quoi que ce soit, car nous sommes tous UN donc tous égaux. Classer les individus par niveau social, par niveau d'étude, par niveau de revenu n'a pas de sens dans le monde de l'évolution. Sinon cela voudrait dire que vous avez commencé une incarnation en tant que pauvre pour arriver à la vie d'un riche.

Or vous le savez très bien, il existe des riches qui sont émotionnellement misérables et malheureux dans leur château. Par contre, vous trouverez dans les bidons-villes des êtres heureux de vivre. Donc s'il y avait une façon de classer votre niveau d'évolution pour savoir d'où vous venez pour savoir où vous allez, ne devriez vous pas plutôt choisir **l'aptitude à être heureux et à vous sentir bien quels que soient les événements**.

Cela revient à monter votre fréquence vibratoire de bien-être. Au départ, vous avez un effort important à faire pour vous sentir bien malgré des situations négatives engendrées par vos mémoires. Mais plus vous nettoyez vos mémoires plus il vous est facile d'accéder au bien-être qui deviendra à terme votre état naturel retrouvé.

Lorsque toutes vos mémoires seront nettoyées le voile de l'ego sera totalement dissipé et vous vous reconnaîtrez totalement dans tout ce qui EST.

161 De l'extérieur à l'intérieur, changez pour de l'intérieur à l'extérieur !

Une des plus fortes influences à laquelle vous êtes soumis est sans nul doute celle qui consiste à diriger votre conscience vers le monde extérieur.

Vous êtes occupés à porter votre énergie sur les basses fréquences de la matière (vêtements, nourriture, voiture, maison, etc.). Vous y êtes dirigé à grand renfort de publicités et de sollicitations en tous genres.

Vous regardez ce qui existe dans votre monde extérieur en vous demandant comment l'obtenir alors que vous devriez l'imaginer dans votre monde intérieur en vous disant que vous l'avez déjà.

162 Dans quel monde désirez-vous vivre ?

Le monde de la concurrence ou celui de la création ?

Il existe plusieurs mondes dont celui de la concurrence et celui de la création. Le monde de la concurrence consiste à obtenir ce qui existe déjà en le prenant ou en l'achetant à un autre. Le monde de la création consiste à créer quelque chose qui n'existe pas encore. Le monde de la concurrence est limité. Celui de la création est illimité.

Pour obtenir quelque chose dans le monde de la concurrence, il vous faut travailler ou le payer.

Pour obtenir quelque chose dans le monde de la création, il vous faut revenir en vous pour émettre la fréquence vibratoire de ce que vous désirez voir se manifester dans votre expérience.

Le monde de la concurrence vous donne l'illusion qu'en regardant à l'extérieur vous allez trouver ce qui vous rendra heureux à l'intérieur.

Le monde de la création vous permet de créer depuis l'intérieur le bonheur, c'est-à-dire les fréquences vibratoires qui attireront ce qui va soutenir ce bonheur.

Le monde de la concurrence vous apporte de mauvaises nouvelles (journal télévisé, journaux, etc.) qui vous font vous sentir mal ce qui attire à vous de nouvelles mauvaises expériences.

Le monde de la création vous permet d'imaginer de bonnes nouvelles, par la création délibérée ou par la visualisation, qui vous font vous sentir bien ce qui attire à vous de bonnes expériences.

163 Votre subconscient ne fait que confirmer ce que vous pensez

Votre subconscient est neutre. Il ne pense pas par lui-même, mais ne fait que confirmer ce que vous lui ordonnez.

Si vous lui ordonnez que vous êtes trop gros, parce que vous vous sentez gros, il va faire en sorte que votre apparence corresponde à votre demande.
Si vous vous sentez mince, avant même de l'être, il va attirer les circonstances qui feront que vous deveniez mince.

Si vous estimez que vous n'avez pas suffisamment d'argent pour partir en vacances, il va confirmer votre pensée. Alors que si vous sentez que vous êtes déjà en vacances, une occasion de voyage de dernières minutes se présentera à vous.

En utilisant l'ho'oponopono vous avez une occasion supplémentaire de vous libérer en lui donnant un ordre :

Divinité nettoie en moi ce qui contribue à ce problème : Désolé, pardon, merci, je t'aime (jusqu'à ce que vous ayez oublié le problème et que vous sentiez bien)

164 Vous voyez en l'autre ce qui se passe en vous

Alors que je suis sur l'écriture de ce livre, j'ai eu ce matin une discussion avec une amie qui me faisait remarquer à quel point elle trouvait son fils détendu depuis quelque temps après une période difficile. À peine eut-elle fini sa phrase qu'elle ajouta :

« Moi aussi je suis beaucoup plus détendue ! »

En fait, elle venait de comprendre que ce qu'elle avait remarqué chez son fils n'était que le reflet de son propre état d'être. Son fils était plus détendu parce qu'elle était plus détendue.

N'attendait pas de voir chez les autres ce que vous aimeriez avoir en vous. Mais créez en vous ce que vous aimeriez voir chez les autres.

Au risque de me répéter : les autres, c'est vous, et ils ne font que réagir à ce que vous pensez d'eux. Voyez-les autres comme vous aimeriez les voir en vous changeant vous-même.

165 Sentez en vous ce que vous aimeriez ressentir chez les autres. Fred Stanford

166 La seule chose qui soit permanente est l'impermanence des choses

En observant tout ce qui se passe autour de vous et en vous, vous constaterez que tout vibre, tout bouge et change en permanence même si vous ne vous en rendez pas compte. Votre corps change, la nature pousse, les rochers se désagrègent, vos pensées évoluent, vos émotions varient, etc.

Avec ce constat, nous pouvons en déduire qu'il n'y a qu'une seule chose qui est permanente, c'est l'impermanence des choses. Rien n'est statique, tout se transforme en permanence d'une façon aussi infime soit-elle.

Ce qu'il faut retirer de ceci se résume dans une phrase que m'a dite mon père qui était un grand philosophe à ses heures :

167 « Quand ça n'avance pas, ça recule ! »

Il avait compris que rien ne reste statique et vous devez appliquer ce savoir à votre vie en comprenant cette phrase :

Si vous ne dirigez pas votre vie pour obtenir ce que vous désirez, les autres* vont se charger de vous diriger pour obtenir de vous ce qu'eux veulent dans la vie.

*Les autres = Parents, amis, enseignants, gouvernants, patrons, publicitaires, religions, système financier, etc.

D'une façon plus quantique, nous dirons :

170 Décidez de vous libérer de vos mémoires

erronées** pour qu'elles ne vous tiennent plus en esclavage dans l'illusion.

**Mémoires erronées = ce qui crée l'illusion des autres* et de tout ce qui EST.

171 La meilleure façon de retrouver l'harmonie c'est de TOUT aimer

C'est votre subconscient qui fait vivre ce qui semble être votre réalité. Si celle-ci n'est pas harmonieuse, envoyer de l'amour à votre subconscient va remettre de l'ordre dans les programmes qui y sont logés et cela aura une influence sur l'harmonie de votre monde extérieur.

Tout être qui reçoit de l'amour devient meilleur. Votre subconscient aussi. Le processus de l'ho'oponopono contenant l'énergie d'amour, sa pratique régulière adoucie votre vie au fur et à mesure que votre subconscient se sent aimé.

En gardant à l'esprit les phrases suivantes et en les mettant en pratique, vous retrouvez le meilleur chemin vers le bonheur, la santé et l'harmonie.

- **172 Se sentir bien est la chose la plus importante.**

En ouvrant les yeux le matin, votre première pensée devrait être :

Je vais tout faire pour me sentir bien dès à présent ! Et garder cet objectif tout au long de la journée.

- **173 Décidez d'être heureux, car c'est bon pour la santé.**

Il a été prouvé que les hautes fréquences vibratoires du bien-être avaient une influence positive sur le fonctionnement du corps humain en permettant une meilleure circulation de l'énergie.

Autorisez-vous une meilleure santé en décidant dès à présent de vous sentir bien dans le moment présent. Comme le disait Voltaire : J'ai décidé d'être heureux parce que c'est bon pour la santé.

- **174 Le BIEN-ÊTRE est plus fort que la raison.**

Cette phrase renferme une philosophie du bien-être, car elle vous évite de vous sentir mal en essayant de convaincre les autres pour les rallier à votre cause. Laisser les penser et être ce qu'ils sont sans les juger et gardez précieusement le bien-être en vous, cela vous permet de surcroit de mettre en pratique la loi du permettre*.

*Loi du permettre (voir : "La loi d'attraction" de Hester et Jerry Hicks) = Je suis ce que je suis, les autres sont ce qu'ils sont et j'autorise les autres à être ce qu'ils sont même si eux ne m'autorisent pas à être ce que je suis (Cf : livre "La loie d'attraction" de Hester et Jerry Hicks) ou en d'autres termes : Je ne dois pas me critiquer, je ne dois pas critiquer les autres même si eux me critiques.

175 Les étapes vers un bonheur permanent

Quand nous décidons de nous sentir bien, par automatisme, nous nous tournons vers les attachements du monde extérieur qui vont nous permettre d'atteindre notre objectif de bien être.

Cela peut être d'aller au cinéma, de manger une glace, d'écouter de la musique, d'aller à la piscine, etc. Toutes ces façons de faire ont la particularité d'être dans le monde extérieur et de vous apporter un bien-être temporaire. Une fois le film fini ou la glace mangée, votre niveau de bonheur pour subsister aura besoin d'autres choses dans le monde extérieur et cela n'aura jamais de fin.

Tant que vous aurez trop de mémoires négatives qui vous tirent « émotionnellement parlant » vers le bas il est probable que vous aurez besoin de ces attachements (qui sont aussi des mémoires) pour vous sentir mieux. Heureusement, à force de vous séparer de vos mémoires erronées, grâce au nettoyage par l'ho'oponopono, vous parvenez de plus en plus à vous sentir bien sans raison.

Être bien tout simplement sans avoir besoin de rien venant de l'extérieur pour retrouver cet état est le moyen d'arriver vers un bonheur permanent.

Vous ne pouvez pas en permanence être dans une salle de cinéma ou avoir des glaces à la fraise sur vous sous prétexte de vous sentir mieux. De plus, même si c'était le cas, vous vous lasseriez ou cela vous rendrait malade.

Fort de cette analyse, vous devez passer à l'étape suivante qui consiste à apprendre à trouver la paix en vous sans artifice. Au début, vous aurez sans doute besoin du silence extérieur pour trouver le silence intérieur*.

*Silence intérieur = Cela consiste à stopper le bavardage incessant de votre ego. Retrouver le point zéro situé entre deux pensées et dans lequel il n'y a rien d'autre que le néant.

Mais avec de la pratique il vous sera possible de trouver cette paix au milieu d'une discothèque très animée ou dans n'importes quelles situations.

Lorsque vous maîtriserez ce silence intérieur, dans l'instant présent, vous aurez la possibilité d'être dans un bien-être permanent sans raison extérieure.

Souvenez vous qu'une des meilleures méthodes pour atteindre rapidement cet état est la respiration consciente qui vous « fixe » dans l'instant présent.

176 Votre état naturel est le bonheur

C'est en désirant penser et choisir par vous même que vous avez créé l'illusion (avec les mémoires) de tout ce qui n'est pas le paradis. En utilisant le chemin inverse, vous retournez dans le jardin d'éden. Pour cela, vous faites « pause » sur vos pensées et demandez à ce que les mémoires que vous avez créées soient effacées de votre subconscient.

Sur ce chemin vous rencontrez votre pire ennemi,

votre ego, qui fera tout pour vous persuader de ne pas le lâcher en lâchant-prise. Au contraire, il vous poussera à penser au passé ou au futur pour vous détourner de l'instant présent où il ne peut pas survivre.

177 se concentrer sur l'instant présent est-il une perte ou un gain de temps ?

En prenant du temps sur votre journée pour ne rien faire d'autre que de vous concentrer sur votre respiration dans l'instant présent, il peut arriver que vous vous demandiez si vous n'êtes pas en train de perdre votre temps et que vous feriez mieux de travailler pour gagner plus d'argent ou repeindre la chambre qui en a bien besoin.

Ces pensées sont encore des mémoires qui remontent à la surface et qui vous font croire que, pour survivre, vous devez absolument faire ces choses. Dans ce cas, nettoyez-les avec l'ho'oponopono. Pour ce qui est de savoir ce qui est le plus rentable pour vous. Faire ou ne pas faire, la réponse vous appartient, car cela va dépendre de quand vous vous sentez le mieux. Lorsque vous faites ou lorsque vous ne faites pas les choses.

Si vous êtes submergé par la culpabilité de ne pas gagner plus, faites ce qu'il faut pour gagner plus (action temporaire pour vous sentir mieux). Ou effacez la mémoire qui vous fait culpabiliser (action définitive pour vous sentir mieux). Lorsque la culpabilité a disparu, profitez de ce bien-être pour vous concentrer de nouveau sur l'instant présent en vous concentrant sur votre respiration.

Dans le livre « Obtenez tout par la pensée N°1 », un chapitre montre que l'énergie la plus puissante de l'univers est l'énergie cérébrale. Et que toute personne qui se concentre entre 17 et 90 secondes sur un même objectif envoie dans l'univers un ordre qui met en branle la loi de l'attraction pour obtenir ce sur quoi vous vous êtes concentré.

Comparons les résultats obtenus par deux personnes désirant le même objectif. L'une passe principalement par son monde extérieur et l'autre passe principalement par son monde intérieur.

Le rapport montre que de passer par le monde intérieur est de quelques milliers à une infinité de fois plus efficace que de passer par le monde extérieur. En d'autres termes, une personne commençant par se concentrer depuis son monde intérieur sur le résultat qu'ils désirent obtenir avant de se lancer dans une action inspirée* sera beaucoup plus prolifique que celle qui se lance dans l'action raisonnée** sans aucune concentration préalable.

*Action inspirée : C'est l'action que vous faites suite à une demande de votre part à l'univers pour obtenir un résultat spécifique. Vous la faite suite à une envie. Cette action est dite inspirée, car elle vient de l'esprit infini et non de l'ego. Cette action vous fait « vous sentir bien »

** Action raisonnée : C'est l'action que vous faite par habitude ou parce que vous pensez « qu'il faut le faire » pour survivre. Cette action ne vous fait pas particulièrement vous sentir bien.

178 L'internet universel vous permet de communiquer avec tout ce qui EST.

De plus en plus d'émission parle ouvertement de télépathie entre les humains, mais aussi entre des humains et les animaux.

Avez-vous entendu parler de cet ancien agent des services secrets américain qui, par la seule force de l'esprit, peut voir à distance des lieux et décrire avec précisions ce qui s'y passe ?

Ou l'histoire de ce chat qui, dans un hôpital, a pressenti la mort imminente de plus de 25 personnes seulement quelques heures avant qu'elles n'interviennent ?

Et encore cette femme qui transmet et reçoit des informations des chevaux comme s'ils se parlaient. ? Ou l'histoire de ce chat qui a contacté sa maîtresse par flash dans ses rêves pour lui indiquer le puits dans lequel il était tombé et blessé depuis une dizaine de jours.

Le journaliste Stéphane Allix présente la série documentaire "**Enquêtes Extraordinaires**" dans laquelle vous trouverez des sujets qui relatent bon nombre de ces capacités.

Nous pourrions remplir des pages d'histoires comme celles-ci et ce n'est pas parce que nous ne pouvons pas l'expliquer scientifiquement que cela n'existe pas. Tout ce que nous savons c'est que nous sommes reliés entre nous par ce que nous pouvons comparer à l'Internet universel. En fait, cet Internet s'appelle la supraconscience qui est reliée à tout ce qui EST.

Ainsi dans le film « la prophétie des Andes » vous voyez des personnes donner leur attention aux plantes du jardin pour qu'elles poussent mieux. Des tests ont révélé qu'une plante soumise aux bons soins d'une personne qui lui donne son attention, lui parle et lui exprime de l'amour va pousser beaucoup plus vite.

D'où l'expression « avoir la main verte » qui devrait plutôt être avoir « l'attention verte ». Car les bienfaits viennent principalement de l'attention que la personne porte à ses plantes.

Les expériences de Masaru Emoto concernant l'influence de l'esprit sur l'eau prouvent que nous sommes reliés à la matière.

Il existe une liste de barreurs de feu à l'hôpital de Lausanne en suisse. Ces personnes montrent qu'elles ont la capacité, même à distance par téléphone, d'atténuer la douleur des grands brûlés.

Certains hôpitaux procèdent à des opérations sous hypnoses. Ce qui consiste à remplacer l'anesthésie chimique par une suggestion transmise directement au subconscient du patient pour que celui-ci ne ressente aucune douleur. Dany Dan Debeix, qui a réussi à se sortir d'un handicap grâce à l'hypnose, a formé de nombreuses personnes dans le secteur médical à l'hypno anesthésie.

Dans le domaine du spectacle, Mesmer, le fascinateur, se met directement en contact avec le subconscient de membres du public pour leur faire oublier le nom de l'animateur, les faire chanter comme un enfant de cinq ans ou les mettre en état d'ivresse.

Toutes ces capacités sont en vous. Libre à vous de les développer pour vous rendre compte à quel point tout est possible à celui qui croit.

179 Tout est possible à celui qui croit

Cette phrase connue des textes anciens à un double sens : Tout est possible à celui qui croit (croyance que tout est possible), mais également : Tout est possible à celui qui croît (croître en fréquence vibratoire par son évolution)

Ce qu'il y a de formidable avec cet Internet universel, c'est que vous pouvez l'utiliser pour envoyer une information à tout ce qui EST. Que cela soit un humain, un animal, un végétal, de l'eau ou un minéral.

Pour cela, vous devez :

- Croire que c'est possible (ne pas avoir de mémoire de résistance qui bloque le processus).

- Accéder à votre subconscient (par la relaxation).

- Croître en fréquence vibratoire en émettant une information (régulièrement, suffisamment précise et concentrée pendant suffisamment longtemps).

Faites un essai en envoyant de l'amour à une personne que vous connaissiez où qu'elle soit dans le monde. En lui disant matin midi et soir : je t'aime et je te remercie pour ton amitié.

C'est plus efficace pendant son sommeil lorsque son conscient est déconnecté. Si vous le faites de façon régulière et suffisamment longtemps, vous pourrez constater par vous même les effets bénéfiques sur vos relations et son bien-être en général. Alors que vous ne lui aurez jamais adressé la parole pour cela.

180 Appliquez l'amour inconditionnel est l'acceptation sans attachement, ni attente

Nous avons tellement pour habitude d'utiliser le mot amour, principalement pour indiquer la passion qui se produit entre deux personnes. Qu'il est difficile de comprendre comment l'on peut appliquer l'amour inconditionnel à tout ce qui EST.

Pour vous permettre de ressentir l'émotion utile de « l'amour inconditionnel », je vous propose de remplacer ce terme par « l'acceptation de la situation, sans attachement, ni attente »

Ainsi, voyons ensemble ce que cela donne avec les exemples suivants :

Votre conjoint vous quitte : la bonne émotion est d'accepter la situation, de le laisser libre de faire ce qu'il veut sans attendre qu'il revienne. (En vous sentant bien malgré la situation « haute fréquence » votre conjoint peut revenir de lui-même constatant son erreur ou vous rencontrez une personne avec qui vous vous entendrez beaucoup mieux)

Votre voiture vient d'être rayée sur un parking : la bonne émotion est d'accepter la situation, laisser la rayure exister sans la juger et sans attendre que le fautif indélicat vienne la réparer. (En vous sentant bien dans une situation « haute fréquence » le fautif peut de lui-même vous contacter pour faire marcher son assurance ou un ami vous proposera de vous faire la réparation gratuitement)

Vous venez de perdre vos clefs : la bonne émotion est d'accepter la situation, laisser la perte exister sans la juger et sans attendre de retrouver vos clefs. (En vous sentant bien malgré la situation « haute fréquence » vous retrouvez vos clefs sans les avoir cherchées ou votre conjoint les retrouve pour vous, sans forcément les chercher non plus d'ailleurs.)

Un ami m'a expliqué qu'il y a quelque temps il s'est réveillé en pleine nuit en sentant qu'il y avait un problème sur le chantier dont il est responsable. Se souvenant des conseils que nous lui avions transmis peu de temps avant, il a changé rapidement son attitude de « stress », en un ressenti de « tout va bien ».

Le lendemain, il constata qu'il avait effectivement été volé, mais que le larcin avait été abandonné à la sortie du chantier. Il avait ressenti le vol, mais en changeant rapidement sa fréquence vibratoire, ce vol s'est transformé en fuite du visiteur abandonnant les outils sur place.

En aimant inconditionnellement « accepter la situation, sans attachement, ni attente » tout ce qui EST et tout ce qui vous arrive, vous permettez à l'univers de trouver une solution idéale à laquelle vous n'auriez peut-être pas pensé vous même.

Étant donné que vos pensées sont des mémoires qui remontent et qui couvrent la perfection qui est en vous, celle-ci ne peut agir. En ne donnant aucune étiquette de bien ou de mal, ni d'attachement ou d'attente par rapport à la situation vous êtes en direct avec votre intelligence infinie qui prend en charge la situation pour lui apporter une résolution idéale.

Vous avez l'habitude d'entendre la phrase : « Quand on veut, on peut. » Le problème est que dans ce cas vous utilisez le vouloir, la volonté qui se situe dans la partie gauche du cerveau alors que votre véritable potentiel se trouve dans la partie droite, siège du lâcher-prise. Ce n'est donc pas en voulant les choses que vous avez le plus de résultats, mais en acceptant la situation sans attachement ni attente, ce qui revient au fameux lâcher-prise.

En voulant quelque chose vous pourrez avoir cette chose temporairement, mais en lâchant-prise vous pouvez voir se réaliser des miracles et obtenir bien plus encore.

181 Changez vos fréquences avant d'entreprendre une nouvelle relation amoureuse

Dans les relations amoureuses, lorsque vous avez eu un échec, il est primordial, avant d'entreprendre une nouvelle aventure, de nettoyer les mémoires qui ont attiré la personne avec qui cela ne s'est pas bien passé.

Si vous entreprenez une nouvelle relation trop rapidement sans changer vos fréquences vibratoires, celles-ci vont automatiquement attirer une relation similaire à la précédente qui aura certainement les mêmes qualités et surtout les mêmes défauts qui ont contribué à votre séparation.

Pour qu'une nouvelle aventure ne démarre pas avec le même style de personne utilisez l'ho'oponopono pour effacer les mémoires qui correspondent aux effets que vous n'aimiez pas dans votre précédente relation.

Si par exemple votre ancien conjoint était alcoolique, c'est parce que vous l'avez inconsciemment attiré. Pour que votre nouvel ami soit sobre, demandez à la partie de vous dont vous n'avez pas conscience de dissoudre ce qui en vous attire un conjoint avec cette addiction. Dite simplement : Divinité, nettoie en moi ce qui crée chez mon conjoint cette addiction à l'alcool. Puis récitez jusqu'à ce que vous vous sentiez bien les phrases : Désolé. Pardon. Merci. Je t'aime.

Vous deviendrez libre à force de vous défaire de tous les attachements que vous et que ceux qui vous entourent ont. Vous vous libérez tout en libérant les autres. C'est ainsi que l'harmonie règne entre les êtres lorsqu'ils ne sont plus sous l'emprise des mémoires qui les rendaient esclaves de l'illusion*.

* Illusion = Tout ce qui n'est pas parfait

182 Aimez-vous et aimez les autres si vous désirez que l'on vous aime

Il existe une chose étonnante au sujet des personnes qui ont du succès auprès de l'autre sexe sans pour autant avoir un physique flatteur. Peut-être vous êtes vous posé la question : Comment ce fait-il que ces personnes attirent autant l'amour pendant que d'autres, qui ont un physique plus avantageux, restent seules. Vous savez déjà que ce sont vos mémoires qui font la différence. Mais une chose est très importante pour que vous soyez aimé.

Vous devez montrer l'exemple en vous aimant vous même et en aimant les autres avant tout. Vous devez vous accepter et vous sentir bien avec vous-même comme avec les autres. Comment demander aux autres de vous aimer si vous n'êtes pas capable de vous aimer vous-même et d'éprouver de l'amour pour votre prochain ? Ce serait comme demander à quelqu'un de faire une chose qui vous rebute. Vous ne seriez pas étonné si la personne vous disait qu'elle non plus n'est pas motivée pour la faire.

Si par contre vous montrez l'exemple en faisant la chose avec plaisir c'est le meilleur moyen de voir votre ami faire la même chose en retour. Vous aimer et aimer les autres inconditionnellement* est le prérequis pour que les autres en fassent autant à votre égard. Souvenez-vous que vous ne pouvez recevoir dans votre monde extérieur que ce que vous avez émis depuis votre monde intérieur. Émettez de l'amour sans condition et il vous reviendra.

*Aimer les autres inconditionnellement : accepter les autres sans attachement ni attente de leur part

182 Aimez-vous ainsi que votre prochain et le monde vous aimera. Fred Stanford

183 Ce qui semble être le « hasard » est la réponse à vos fréquences vibratoires

Vous pensez avoir rencontré votre conjoint par hasard ? Que s'il fait beau pendant vos vacances, c'est un coup de chance ? Que si vous avez gagné à la loterie, c'est que vous avez eu « du bol » ? Que si vous avez reçu cette promotion de 50 % sur un voyage, c'est « dame chance » qui a frappé ?

Même si c'est difficile à croire, rien n'arrive à vous par hasard. Quoi que vous perceviez par un de vos cinq sens, c'est toujours vous ou ceux qui vous entourent qui l'avez demandé « de façon vibratoire » avec vos pensées et vos émotions.

184 La météo est créée par la moyenne des pensées et des émotions de la population

On vous parle d'anticyclone lorsqu'il fait beau et de perturbation atmosphérique lorsqu'il fait mauvais. Mais ces événements sont des effets qui ont également une cause. Et quel que soit l'effet que vous pouvez avoir dans quelque domaine que ce soit. D'effets en causes vous remonterez toujours à un point commun. Cette source commune est « la conscience ». Dans le cas de la météo, nous pourrions parler de « conscience collective ».

De la même manière que les physiciens quantiques ont remarqué que le résultat de leur recherche change en fonction de leur « intention » dans le microcosme*, les facteurs météorologiques changent en fonction des égrégores** des personnes dans le macrocosme***.

*Microcosme : Partie de l'univers tendant vers l'infiniment petit (atome, proton, neutron, électron, particule, etc.)

**Égrégore : Puissance d'attraction formée par un groupe de personnes concentrant leurs pensées et leurs émotions sur un même objectif. Plus il y a de participants plus la puissance tant vers l'infini (principe exponentiel).

***Macrocosme : Partie de l'univers tendant vers l'infiniment grand (planète, étoile, galaxie, etc.)

Si plusieurs personnes en vacances désirent le soleil et émettent l'émotion d'être déjà en train de bronzer à la plage, celles-ci attirent le beau temps.

Si des agriculteurs désirent la pluie pour arroser leurs champs et émettent l'émotion d'avoir déjà leur récolte, ceux-ci attirent la pluie.

Si des campeurs ont peur de l'orage et émettent l'émotion d'avoir déjà leurs tentes inondées, ceux-ci attirent l'orage. (La peur attire ce qui nous fait peur)

Ce mélange de pensées et d'émotions crée la météo en ayant pour effet, la moyenne de ce que veulent certains et ce que craignent les autres.

Il faut préciser que cela fonctionne de façon consciente et inconsciente grâce aux mémoires situées dans le subconscient de chacune des personnes concernées.

Une étude menée par une école de renommée

mondiale a démontré que le jour de la remise des diplômes les statistiques sont favorables de beaucoup au beau temps. Ceci s'expliquant par le fait que les élèves ainsi que les familles créent un égrégore en souhaitant le beau temps pour ce jour précis.

185 Épargné au beau milieu d'un cyclone

Un jeune homme ayant eu la base de l'enseignement que l'on trouve dans « Obtenez tout par la pensée N°1 » a eu l'occasion de vivre un cyclone dans une île de l'océan Indien. Cela faisait plus de 40 ans que les indigènes n'avaient vu pareil cyclone dévastateur. Les toits étaient soulevés, les routes coupées, des pans entiers de montagnes glissaient rendant inaccessible les voies d'accès. Chose étonnante, la, maison dans laquelle il séjournait ne subit aucun dégât alors que toutes celles alentours étaient dévastées ou des coulées de boue les avaient traversées.

Il se souvient encore de son état d'être ce jour-là où il était non pas terrifié, mais émerveillé de vivre une telle aventure depuis l'intérieur d'un cyclone. À aucun moment, il ne s'est senti en danger pendant qu'il filmait pour immortaliser ce phénomène si impressionnant. Ce sont ses fréquences vibratoires qui ont protégé l'habitation fragile depuis laquelle il admirait la puissance du vent et la force de la pluie.

Chose que les habitants environnants n'ont pas fait en ressentant la peur de voir leur possession être détruites et c'est ce qui s'est produit. Ceci confirmant la loi de l'attraction que nous attirons à nous ce à quoi nous pensons le plus que cette chose soit désirée ou non.

Encore une occasion qui vous est donnée d'utiliser l'ho'oponopono pour effacer de vous ce qui crée des catastrophes climatiques pour vous éviter d'y être un jour confronté ou au moins de les vivre tout en étant épargné.

186 Comment faire la pluie et le beau temps ?

Si vous avez lu le livre « Obtenez tout par la pensée N°1 », vous avez sans doute été impressionné par tout ce qu'il vous était possible de faire en connaissant les techniques appropriés. Aussi vais-je vous narrer une anecdote vécue par un couple de personnes qui avaient toutes deux la maîtrise de leur fréquence vibratoire pour obtenir ce qu'ils désiraient.

Une fête était organisée dans une ville voisine ou la pluie faisait rage. Le jeune homme décida que lorsqu'il arriverait à destination le beau temps serait de la partie. Effectivement à peine arrivée la pluie cessa ce qui leur permit de profiter du début de fête au sec. Quelque dix minutes plus tard la pluie recommença de plus belle. Voyant cela le jeune homme envoya de nouveau dans l'univers la bonne fréquence pour que la pluie cesse. Ce qui se passa quelques minutes plus tard. Ce scénario se répéta toute la soirée, de dix minutes en dix minutes la pluie laissait place au beau temps et le beau temps à la pluie. Le jeune homme qui avait pour habitude de maîtriser le temps qu'il fait depuis des années se confia à sa fiancée en rentrant chez lui en lui disant : « Chérie, je ne comprends pas ce qui se passe, habituellement lorsque je demande le beau temps cela dure beaucoup plus longtemps, mais ce soir cela ne durait que dix minutes et j'étais obligé de redemander un temps sec très régulièrement »

C'est alors que sa moitié lui expliqua : « Excuse-moi mon chéri, je ne t'en ai pas parlé, mais j'ai demandé de la pluie pour mon jardin toute la soirée »

Vous comprenez maintenant pourquoi, l'univers qui ne fait que répondre à vos fréquences vibratoires, a résonné précisément aux deux fréquences en faisant en sorte que chacun ait ce qu'il demande. Mais comme les deux personnes étaient toujours ensemble, l'univers n'avait pas d'autre choix que de faire dix minutes pour l'un et dix minutes pour l'autre.

187 Ne faites jamais de démonstration pour éviter les retours énergétiques

Une précision au sujet des démonstrations est à apporter. Lorsque vous utilisez les techniques pour obtenir ce que vous désirez avec votre ego comme enseigné dans « Obtenez tout par la pensée N°1 ». Vous ne devez jamais faire de démonstration au risque d'avoir un retour énergétique.

Effectivement le fait d'utiliser votre ego en choisissant vous même ce que vous désirez avec votre partie consciente vous créez une mémoire que vous devrez un jour éliminer. Si en plus de cela vous faites une démonstration consistant à prévenir une ou plusieurs personnes de ce que vous allez faire, avant même que cela se passe, vous risquez un retour énergétique sous forme d'un événement souvent désagréable.

Exemple : En disant à un ami que vous allez arrêter la pluie, vous faites « briller » votre ego qui gonfle en montrant ce qu'il sait faire. C'est comme une « démonstration de pouvoir ». Hors dans notre domaine il n'y a aucun pouvoir, mais plutôt un « non-pouvoir », car ce n'est pas l'ego « partie consciente » qui a une véritable influence, mais votre être intérieur illimité « votre partie inconsciente ». Le retour énergétique peut vous revenir comme un boomerang sous la forme d'un incident qui aura la même puissance de fréquence vibratoire, mais inverse « comme un miroir » de celle qui lui a donné naissance ce qui crée un équilibre de force.

Ainsi comme mentionné dans un des témoignages, pour avoir voulu prouver qu'elle pouvait casser des cuillères par la force de l'esprit, une personne s'est brûlé les doigts en faisant sa démonstration. Chose qui ne serait pas arrivée si elle avait cassé la cuillère et ensuite montré le résultat sans avoir prévenu de son intention.

Dans le monde de la création, vous devez « croire

pour voir » et non « voir pour croire ». Les Saint Thomas qui ont besoin de démonstrations évolueront beaucoup moins vite que ceux qui auront « la foi que tout est possible » même s'ils n'en ont jamais eu la preuve.

188 Rien ne se crée, rien ne se perd, tout se transforme – Une tempête est déplacée dans un autre pays

Pour vous montrer la puissance qui est en vous, voici l'histoire d'un homme qui a déplacé une tempête de près de 1 000 kilomètres. Pendant une manifestation de rue qui regroupait des centaines de milliers de personnes, une tempête fut annoncée vers cinq heures de l'après-midi. Les prévisions étaient tellement alarmantes que la police venait prévenir les exposants d'amarrer solidement leurs stands et les commerçants de protéger leur vitrine.

Informé de cet événement en approche, l'homme utilisa un des principes universels pour faire en sorte que la tempête n'ait pas lieu ou soit déplacée.

Effectivement, malgré l'annonce imminente de la tempête, celle-ci fit place à une superbe journée d'été avec 35° et aucun souffle de vent à l'étonnement général. Ce que nous apprîmes le soir même c'est qu'une tempête éclair et imprévue s'était abattue dans un pays voisin à prés de 1 000 kilomètres du lieu où elle était prévue. De là à penser que les masses d'air ont été déplacées, il n'y a qu'un pas. Car comme le disent les scientifiques : Rien ne se crée, rien ne se perd, tout se transforme.

Ce jour-là, le jeune homme a peut-être sauvé la vie de nombreuses personnes à la vue du nombre de participants dans les rues de cette ville en fête.

Ceci vous explique que ce que nous appelons la création délibérée n'est en fait que la transformation d'une substance sans forme (l'énergie), en une création définie (objectif) sous l'impulsion d'une force (la conscience).

En comparent ceci à la création d'une sculpture avec de la pâte à modeler. Vous avez la substance sans forme (la pâte à modeler) à laquelle vous appliquez une force (la conscience) en la travaillant et cela devient une sculpture (l'objectif).

Ce jeune homme avait l'habitude de s'entraîner sur les nuages en faisant disparaître l'un d'eux en quelques minutes seulement. Depuis qu'il a compris et expérimenté la puissance qui est en lui, il a décidé de faire passer les décisions de son « pouvoir conscient imparfait » à son « non-pouvoir inconscient parfait ». Nouvelle étape développée dans cet ouvrage.

189 La nature vous rapproche de la source de toute vie

Marcher pied nu dans le sable sur une plage, vous promener en forêt, prendre un arbre dans vos bras, vous allonger dans l'herbe fraîche, côtoyer les animaux dans leur habitat naturel sont autant de possibilités de vous « recharger » en énergie.

Sachez qu'il y a 1 000 fois plus d'énergie à la campagne qu'en ville. La campagne grouille de vie au sein de ses terres qui renferment des animaux, du ver de terre à la taupe en passant par le mulot. Les végétaux comme les arbres, le lierre, les champignons, le gui sont aussi pleins de vie.

Même l'eau vive d'une rivière ou d'un torrent renferme beaucoup plus d'énergie que l'eau stagnante qui coule de votre robinet. La forêt abrite aussi la vie sous forme d'oiseaux, d'écureuils, d'escargots, etc. Alors que nos villes sont « mortes » figées dans le béton, le macadam et les pavés.

190 Retrouver l'énergie de la nature qui vous aidera à vous libérer.

Un de mes amis m'a confié avoir reçu un enseignement (comme l'omniscience) grâce au contact avec la nature. Il en a retiré une sagesse qui lui a permis de transcender sa vie et de vivre heureux.

191 Prenez du temps pour faire ce qui vous plaît

Il existe une entreprise internationale qui à une croissance extraordinaire. Ceci est dû au fait qu'elle autorise ses employés à prendre plus d'une ½ journée par semaine pour développer le projet qu'ils désirent à condition de faire profiter l'entreprise de leur découverte.

Lors de ce temps libre, pour exprimer leur

créativité, les salariés utilisent leur partie droite du cerveau qui est la partie imaginaire et émotionnelle utilisée lors de la création. Cette partie étant illimitée contrairement au cerveau gauche de l'ego et du raisonnement, il s'ensuit des idées phénoménales dont l'entreprise profite pour son développement.

Faites comme cette entreprise et autorisez-vous chaque semaine du temps pour vous et votre créativité. Sortez du quotidien qui vous enferme dans une routine avilissante. Sachez prendre soin de vous en vous accordant de faire ce qui vous rend heureux. Peinture, sport, loisirs, écriture, photos, informatique, etc.

C'est lorsque vous aurez découvert que vous pouvez gagner votre vie en faisant ce qui vous plaît, que vous allez découvrir l'abondance. Bill Gates était passionné par l'informatique, Henry Ford par l'automobile et ils sont devenus milliardaires en s'occupant de leur passion. Utilisez l'ho'oponopono pour effacer les mémoires qui vous empêche de trouver la passion qui vous rendra libre. Vous aurez l'impression de ne plus travailler un seul jour de votre vie, si ce que vous faites vous plonge dans le bonheur.

Comme le disait Confucius : "**Choisissez un travail que vous aimez et vous n'aurez pas à travailler un seul jour de votre vie**"

192 Divinité nettoie en moi ce qui m'empêche de trouver la passion qui me rend

financièrement libre : Désolé. Pardon. Merci. Je t'aime.

193 Vous ne devez pas avoir des raisons de vous sentir bien, mais vous devez vous sentir bien sans raison

Revenons une fois de plus sur un des secrets à la fois les mieux gardés et pourtant si simple que vous aurez de la peine à y croire. Si vous pensez que votre bonheur peut venir du monde extérieur (ce que vous percevez par vos cinq sens), cela ne peut être que temporaire, car nous vivons dans un monde d'impermanence. Tout vibre, tout change continuellement et vous ne pouvez jamais « figer » votre bonheur, mais pouvez seulement le créer à chaque instant pour l'instant d'après.

Pour ce faire, le moyen le plus simple est de vous sentir bien sans raison dans l'instant présent et de conserver cet état d'être. C'est une mission de chaque instant présent.

Pour cela vous devez être obligatoirement dans l'instant présent où ce trouve votre « non-pouvoir* ». Dès que c'est votre ego qui commande, vous êtes dans le « pouvoir de l'ego » qui est infiniment moins puissant que le « non-pouvoir » illimité de votre inconscient.

Lorsque vous êtes dans le passé ou dans le futur en pensée, vous vous déconnectez de la partie de vous qui ne vie que dans l'instant présent et qui peut réellement trouver des solutions idéales à vos problèmes. Connectez-vous à votre « non-pouvoir » en vous concentrant uniquement sur l'instant présent.

*Non-pouvoir : C'est lorsque vous remettez la recherche de la solution à la partie de vous dont vous n'avez pas conscience. Ceci s'apparente au fameux « lâcher-prise ».

194 Vous sentir bien sans raison attire à vous des raisons d'être bien ! Fred Stanford

195 Un chat vient ronronner vers nous comme pour nous remercier

Au moment où j'écris ce livre, je me trouve dans un endroit magnifique au milieu de la forêt. Une petite maison entourée de verdure et de somptueux arbres qui nous protégés du soleil. Pendant que le thermomètre affiche plus de 36° en ville, la fraîcheur de la forêt nous permet de ressentir une température idéale. À mes pieds, un chat ronronne tout en faisant sa toilette. Quinze jours plus tôt, j'étais déjà venu dans ce havre de paix pour continuer l'écriture de cet ouvrage et ce félin faisait partie d'une horde de chats sauvages qui, voyant que nous étions là, venaient quémander un peu de nourriture.

Nous avions remarqué ce chat pour deux raisons. La première était qu'il était moins timide que ses camarades et la seconde parce qu'il était manifestement malade au point de ne plus avoir de poils à certains endroits. Il était tellement miteux que nous lui avions donné le surnom de « chat pourri » pour l'identifier. Nous avons donc décidé d'effacer les mémoires en nous qui créé son état en pratiquant l'ho'oponopono.

Divinité, nettoie en moi ce qui créé ce problème de peau chez ce chat. Désolé. Pardon. Merci. Je t'aime.

Ceci jusqu'à ce que nous ressentions la paix en nous.

En revenant cette semaine, après donc seulement quinze jours, nous avons eu la surprise de voir notre protégé revenir seul et surtout avec une peau beaucoup plus saine, un poil plus beau et manifestement beaucoup plus en forme. La partie de nous dont nous n'avons pas conscience, mais qui est connectée au TOUT, donc à ce chat également, a fait son œuvre pendant que nous étions occupés ailleurs à d'autres missions.

Une petite précision qui a son importance. Les propriétaires des lieux nous ont confié que ce chat, qu'il voit de temps en temps, était malade et en piteux état depuis plus d'un an. Eux même ne s'expliquaient pas comment il avait pu guérir aussi vite sans soin apparent. Son nouveau surnom est désormais « chat guéri ».

196 Faites confiance à votre ÊTRE INCONSCIENT pour résoudre DÉFINITIVEMENT

ce que votre ÊTRE CONSCIENT ne peut résoudre que TEMPORAIREMENT. Fred Stanford

197 Du « pouvoir » du conscient au « non-pouvoir » de l'inconscient.

J'ai eu l'occasion de rencontrer beaucoup de personnes dans ma vie, des « Sans domicile fixe » aux milliardaires. Ma conclusion est que le bonheur ne dépend pas de la somme d'argent que nous avons sur notre compte bancaire, mais de l'état d'esprit que nous avons.

J'étais le week-end dernier avec un SDF qui respire le bonheur et qui a choisi sa vie de nomade sans aucune attache. Lorsque vous lui parlez, il vous dit qu'il a réalisé son rêve d'être ici un jour et là le lendemain. Il m'a enseigné le détachement par rapport aux choses et aux êtres.

Pendant que certains se demandent comment être heureux sans maison sans attache, sans voir régulièrement sa compagne ou ses amis chaque mois ou chaque semaine. Lui est parti pendant plus d'un an seul avec une simple valise dans les Caraïbes, et revient comme si nous nous étions quittés depuis seulement la veille.

D'un autre côté, j'ai reçu une grande leçon d'un millionnaire que j'ai rencontré il y a plus de vingt ans. Voici ce qu'il ma dit : « Lorsque j'avais vingt ans je pensais tout savoir, lorsque j'ai eu quarante ans je ne savais plus rien et lorsque j'ai eu soixante ans je me suis rendu compte que les autres n'en savaient pas plus ».

Le « je » dont il parlait étais le « je » de l'ego dont le « pouvoir » est insignifiant et temporaire contrairement au moi intérieur infini et éternel « le non-pouvoir* » sans limites.

*Non-pouvoir : C'est votre pouvoir intérieur dont vous n'avez pas conscience qui trouve la solution idéale à tous vos problèmes sans que vous ayez l'impression d'intervenir. Le retour d'une demande faite auprès de votre inconscient revient sous forme de ce que vous nommez le « hasard ».

198 Au lieu de décider ce que vous désirez avec votre ego, demandez à votre moi intérieur de choisir la solution pour vous. Fred Stanford

199 Lâchez le « pouvoir conscient de l'ego » insignifiant et temporaire pour laisser la place à votre « non-pouvoir inconscient du moi profond » infini et éternel. Fred Stanford

200 Comment se concentrer au moins 17 secondes pour attirer un miracle ?

Souvenez-vous du pouvoir de la concentration lorsque vous utilisez la création délibérée comme enseignée dans « Obtenez tout par la pensée N°1 ».
Vos ondes cérébrales commencent à avoir suffisamment d'énergie à partie d'une concentration sur un même sujet pendant 17 secondes pour être transmise à l'univers. Et si vous êtes capable, par la

pratique, d'atteindre une concentration de 90 secondes, vous atteignez une puissance exponentielle*.

*Exponentiel : Qui tend de plus en plus vite vers l'infini

En appliquant ce principe à la demande transmise à votre moi profond en utilisant l'ho'oponopono vous démultipliez la puissance de votre demande.

Lorsque vous récitez votre litanie : désolé, pardon, merci, je t'aime. Faites en sorte de respecter au moins les aspects suivants :

- Continuez le mantra jusqu'à ce que vous ressentiez la PAIX et le BIEN-ÊTRE en vous.

- À partir du moment où vous vous SENTEZ BIEN, vous êtes en harmonie avec votre être intérieur. Dès cet instant, continuez à émettre cette ÉTAT DE PAIX pendant au minimum 17 secondes et jusqu'à 90 secondes lorsque vous serez suffisamment entraîné.

- N'ayez aucune attente au sujet du résultat, laissez ce choix à votre inconscient.

201 Deux propositions d'achats pour sa maison

Une de mes amies vit depuis longtemps en Inde. Il y a quelque temps, elle m'expliquait qu'elle n'arrivait pas à vendre sa maison dans son pays d'origine depuis plusieurs années. Après lui avoir expliqué les principes universels, elle changea sa façon de penser et alors que les agents immobiliers nous montrent que pour avoir une proposition d'achat il faut avoir une moyenne de plusieurs dizaines de visites, elle se retrouve avec trois propositions en l'espace de quelques visiteurs seulement. En demandant à son « non-pouvoir » de trouver l'acheteur idéal, cela lui permet de profiter de la vie en attendant la réponse. De plus, je viens d'apprendre qu'elle a négocié sa maison 20 % de plus que ce à quoi elle s'attendait.

Elle a réussi en suivant son ressenti au lieu de suivre son raisonnement. Au départ, elle désirait vendre au plus offrant sans se soucier de son ressenti. C'est seulement lorsqu'elle s'est autorisée à vendre sa maison à la personne avec qui elle se sentait le mieux quelque soit le prix proposé, que l'univers lui envoya la personne idéale qui était prête à payer plus que ce qui était prévu. Merci l'univers.

202 Mozart avait les mémoires du virtuose en arrivant dans son incarnation

Lorsque les personnes étudient les lois universelles qui leur font comprendre qu'elles sont à 100 % créatrices de leur monde grâce à leurs pensées et leurs émotions, il arrive qu'elles se posent cette question : si ce sont nos pensées et nos émotions qui créent notre monde, comment se fait-il que des enfants, vierges de toute pensée et émotion, naissent déjà avec des problèmes ou des qualités hors normes ?

En réalité pour comprendre d'une façon holistique* tout se qui se passe vous devez ajouter la compréhension du karma intergénérationnel et des réincarnations.

* Holistique : Prenant le TOUT en compte

Un enfant qui naît n'arrive pas aussi vierge qu'on pourrait le penser, car toutes les mémoires qu'il a accumulées durant toutes ses incarnations sont autant de programmes qui tournent dans son subconscient.

203 Il peut ainsi avoir des mémoires positives telles que :

La maîtrise de la musique comme Mozart l'avait pratiquée dans une incarnation précédente.

La maîtrise de la sagesse comme le dalaï-lama la reçut dans ses nombreuses incarnations successives.

Le souhait de liberté par la non-violence pour son peuple comme l'ont démontré Indira Gandhi en Inde ou Nelson Mandela en Afrique du Sud.

204 Il peut aussi avoir des mémoires négatives qui induisent :

- Le manque de confiance en lui

- Des addictions qui le pousseront à l'alcool, à la

cigarette ou aux drogues.

- Des troubles physiques ou psychiques

Ceci explique que votre évolution se fait sur plusieurs incarnations de vie en vie. Si votre mission de vie est de vous débarrasser de votre addiction à l'alcool et que vous échouez dans cette vie présente vous renaîtrez avec la même problématique d'alcoolisme de vie en vie jusqu'à ce que vous deveniez sobre en vous séparant des mémoires qui en sont la cause.

Grâce à l'ho'oponopono, vous avez la possibilité de gagner un temps considérable en vous libérant d'une multitude de mémoires dont une centaine de vies n'auraient pas suffi à vous défaire.

Merci l'ho'oponopono.

Divinité, nettoie en moi ce qui contribue à ce problème. Désolé. Pardon. Merci. Je t'aime.

205 L'attitude est comme la voile du navire qui vous permet d'avancer

J'ai eu l'occasion d'enregistrer des cassettes audio professionnelles d'évolution personnelle pour créer de la croissance dans une compagnie. À l'époque, je faisais de nombreuses conférences dans différents pays pour enseigner les principes de succès.

Le président de cette société ne comprenant pas

comment je faisais pour avoir d'aussi bons résultats me demandait de faire toujours plus de conférences pour expliquer mon succès.

Ne pouvant être à plusieurs endroits du globe en même temps pour dispenser mon enseignement, l'idée de le diffuser en enregistrant ce savoir en studio vint à moi comme une évidence. Une des cassettes eut un retentissement particulier. Le sujet traité en était « l'attitude du gagnant. »

Dans cette cassette j'expliquais que nous ne pouvons pas agir sur les vents, mais sur la voile d'un bateau pour le faire avancer. De même, nous ne pouvons pas agir sur les vents de notre monde extérieur, mais nous pouvons agir sur notre voile intérieur qui s'appelle l'attitude. L'attitude c'est la manière d'être à l'égard des autres. Et celle-ci est conditionnée par les mémoires qui nous font réagir au monde extérieur.

Avec l'ho'oponopono, tout devient plus simple. Vous avez la possibilité soit de réagir à une situation négative avec votre ego qui ne fera que la résoudre temporairement soit de la faire disparaître définitivement en demandant à votre moi profond d'effacer la mémoire responsable de cette dysharmonie.

Divinité nettoie en moi ce qui crée ce problème. Désolé. Pardon. Merci. Je t'aime.

206 Vaccinez-vous à l'ho'oponopono pour

éviter préventivement les problèmes

Vous n'êtes pas obligés d'attendre qu'une situation négative pointe le bout de son nez pour pratiquer l'ho'oponopono. Vous pouvez faire des traitements préventifs qui vont nettoyer les mémoires qui remontent depuis votre subconscient sans que vous en ayez conscience.

Aussi le fait de réciter votre mantra : désolé, pardon, merci, je t'aime. **Sans autre raison que de vous sentir bien** lorsque vous le faites, va permettre un nettoyage des mémoires qui remontent en surface de votre subconscient, mais qui n'ont pas encore eu d'effet dans votre monde extérieur.

Cette pratique peut se faire pendant que vous conduisez, lorsque vous marchez ou que vous patientez dans une file d'attente.

Fini les moments où vous vous énervez dans un bouchon sur l'autoroute. Désormais, vous profitez de chaque instant présent pour nettoyer préventivement les mémoires erronées ce qui aura pour effet d'améliorer votre vie de jour en jour. Désolé, pardon, merci, je t'aime.

207 Préparez chaque activité ou moment de votre journée pour qu'il se passe bien

Votre journée est composée de plusieurs temps et chaque fois que vous en abordez un nouveau vous pouvez demander à ce qu'il soit débarrassé de tout ce qui pourrait nuire à votre tranquillité.

Dès le matin en vous réveillant : Divinité nettoie en moi ce qui peut créer un problème en me rendant en voiture au travail. Désolé, pardon, merci, je t'aime.

Lorsque vous êtes dans votre automobile : Divinité nettoie en moi ce qui peut créer des difficultés relationnelles avec mon patron ou mes collègues de travail. Désolé, pardon, merci, je t'aime.

Pendant votre pause du matin : Divinité nettoie en moi ce qui peut créer un souci pendant le repas de midi. Désolé, pardon, merci, je t'aime.

Au cours du repas : Divinité nettoie en moi ce qui peut créer un problème lors de la réunion de cet après-midi. Désolé, pardon, merci, je t'aime.

En sortant du bureau : Divinité nettoie en moi ce qui peut créer une situation difficile lors de la soirée à la maison. Désolé, pardon, merci, je t'aime.

Au moment du coucher : Divinité nettoie en moi ce qui peut créer un problème pendant mon sommeil. Désolé, pardon, merci, je t'aime.

Pensez à réciter chaque fois jusqu'à trouver la paix en vous : désolé, pardon, merci, je t'aime.

Déclinez en autant d'idées qui vous viennent les demandes de nettoyage de mémoires négatives avant qu'elles n'agissent sur votre quotidien.

208 Nettoyez le monde depuis votre fauteuil

Toutes les occasions qui vous font poser votre conscience sur ce qui n'est pas parfait est une possibilité qui vous est offerte d'améliorer votre monde en pratiquant l'ho'oponopono.

Dès que vous voyez une catastrophe à la télévision ou sur internet, que vous entendez à la radio qu'un désastre vient d'avoir lieu quelque part ou qu'une idée négative vous vient spontanément, profitez-en pour en nettoyer la cause qui est en vous sous la forme des programmes subconscients.

Inutile de vous mettre en colère parce que des enfants meurent de faim en Afrique ou de vous offusquer en voyant le gâchis de nourriture perpétré par les pays riches. En faisant cela, vous émettez des fréquences vibratoires qui entretiennent cet état de fait.

Rappelez-vous : **ce à quoi l'on résiste* persiste !**

Résiste* : dans ce cas la résistance signifie : se sentir mal, ne pas l'accepter, s'attacher à la situation, attendre quelque chose, émettre une opinion.

Contrairement au lâcher-prise, qui signifie : se sentir bien, sans attachement, sans attente, sans émettre d'opinion par rapport à la situation.

Envoyer de l'amour et de la gratitude sont des fréquences beaucoup plus positives qui vont agir comme un baume de bien-être et c'est justement le principe fondamental de l'ho'oponopono que d'envoyer des ondes positives qui reviendront sous forme d'effets tous aussi positifs dans votre monde extérieur. Divinité, nettoie en moi ce qui contribue à ce problème (que vous voyez à la télévision ou entendez à la radio). Désolé, pardon, merci, je t'aime.

209 Faites que l'ho'oponopono devienne aussi naturel et automatique que votre souffle

À force de répétition, la pratique de l'ho'oponopono devient un automatisme.aLorsque vous vous réveillerez la nuit en ayant la sensation que le mantra : Désolé, pardon, merci, je t'aime ou tout simplement merci, je t'aime, tourne en vous comme le ferait un antivirus qui chercher en vous à éliminer les mauvais programmes, vous saurez que vous êtes sur la bonne voie qui mène à la libération de qui vous êtes réellement au fond de vous.

Gardez toujours à l'esprit que pour retrouver votre véritable identité vous ne devez rien acquérir de plus, mais au contraire vous libérer des mémoires erronées qui rendent votre vie trouble, comme le brouillard rend le paysage triste et l'ambiance maussade.

210 Le souffle c'est la vie et l'ho'oponopono vous la rend belle. Fred Stanford

211 Votre objectif doit être de trouver la paix en vous pas de trouver une solution

Quel que soit le souci qui vous tracasse vous n'avez pas à trouver la solution à celui-ci, mais simplement à trouver la paix qui est en vous. Un des plus grands sages qui ont arpenté la terre le disait à qui voulait l'entendre : « **Que la paix soit avec vous !** »

C'est le but ultime de l'ho'oponopono de vous faire ressentir la paix de manière à vous connecter à la source de toute chose.

La **connexion** à la source c'est le **BIEN-ÊTRE**

La **déconnexion** d'avec la source c'est le **MAL-ÊTRE**

La source est toujours à votre disposition, mais vous n'êtes pas toujours disposé à vous sentir bien.

Votre ego vous fera toujours croire qu'en vous sentant mal et en le faisant savoir par la plainte aux personnes que vous côtoyez, ceux-ci viendront à votre secours. Même si ce secours extérieur existe il ne sera que temporaire, car vous êtes la seule personne à émettre les fréquences qui peuvent définitivement vous sortir de toutes situations.

212 Votre rôle est de trouver le bien-être en vous. Le rôle de l'univers est de vous apporter la solution.

213 Faites votre part du chemin en vous sentant bien et l'univers répondra sous la forme du « hasard » Fred Stanford

214 La psychothérapie est-elle une bonne solution ?

Lorsque vous confiez vos problèmes à un psychothérapeute vous vous sentez mieux. Vous rentrez chez vous apaisé et attendez avec impatience la prochaine séance pour vomir votre mal-être sur cette personne qui a bien du mérite à entendre toutes ces choses négatives.

Ce que certains psychologues ont remarqué c'est que le bien-être ainsi acquis n'est que temporaire, car il vide simplement le négatif de l'esprit conscient du patient, mais d'un autre coté, le fait de parler à répétition de leurs problèmes, les patients eux-mêmes autoconditionnent leur subconscient en créant des circuits neuronaux négatifs d'autant plus puissants qu'il y a répétition du problème sur une courte période.

C'est donc un effet pervers qui d'un côté vous fait du bien de façon temporaire et de l'autre imprime un peu plus profondément en vous la cause du problème. Ceci à l'image du lit de la rivière qui est d'autant plus creusé que l'eau coule.

Les fumeurs ressentent aussi cet effet, lorsqu'il fume cela leur procure un bien être temporaire. Et plus ils fument plus ils sont dépendants de la cigarette. Ils s'auto-enchaînent par la répétition à ce qui est mauvais pour eux tout en se faisant du bien.
C'est un paradoxe comme le fait de se sentir mieux en parlant de ses problèmes tout en les

imprimant profondément en nous en même temps, ce qui nous fera nous sentir mal ultérieurement.

Pour que les séances de psychothérapie soient bénéfiques, il conviendrait que le patient parle une seule fois de son problème et que toutes les autres séances soient concentrées uniquement sur la solution comme si elle était déjà en place, même si celle-ci n'existe pas encore.

Ressentir que la solution est déjà là au lieu de ressentir que le problème est là est plus constructif et répond positivement à la loi universelle d'attraction. Ceci est l'étape de la création délibérée de ce que l'on veut obtenir dans la vie comme enseignée dans « Obtenez tout par la pensée N°1 ».

Une fois cette étape atteinte et comprise, le psychothérapeute formé à l'ho'oponopono ne cherchera plus à faire poser la conscience du patient sur la solution, mais l'amènera à éliminer les mémoires qui causent ce problème par la pratique de l'ho'oponopono agissant ainsi sur la partie inconsciente du patient et plus seulement sur sa partie consciente.

L'avantage considérable pour le patient est que chaque fois qu'une mémoire est effacée elle l'est définitivement. Ce qui fait qu'il n'aura plus les effets récurrents de mal-être concernant cette mémoire et ne ressentira peut-être plus le besoin de voir son psychothérapeute.

Quoi qu'il en soit, vous ne devez pas prendre cette technique comme une solution parfaite à tous vos problèmes et devez vous faire suivre par un médecin généraliste ou spécialiste compétent en fonction de votre pathologie. Seul le médecin est habilité à vous prescrire des médicaments si besoin.

Ne cessez jamais la prise de médicament sans l'accord de votre médecin. Les techniques expliqués ici sont un plus pour votre bien-être et non pas un remplaçant à la médecine traditionnelle.

215 Que la force soit avec toi

Dans la série de « La guerre des étoiles » réalisée par Georges Lucas. Ce que peu de personnes savent c'est qu'un des scénaristes était un initié aux lois universelles. Il a voulu passer des messages au travers de cette fabuleuse saga sous forme de science-fiction. Le fameux Dark Vador qui représentait la force obscure de la force était en fait la projection de votre ego qui est votre pire ennemi. De l'autre côté, le Jedi représentait la sagesse de votre divinité intérieure.

Cette lutte entre le bien et le mal, vous la vivez au quotidien en écoutant soit votre ego soit votre inspiration. En désirant régler les problèmes en conscience avec votre ego ou en lâchant prise et en remettant la résolution à votre partie divine.

Dans le film « le guerrier pacifique », vous découvrez l'histoire du jeune Dan Millman qui devient champion olympique en gymnastique. C'est grâce à l'enseignement d'un sage qu'il découvre, entre autres, le pouvoir du moment présent. Un enseignement lui fut donné lorsque le Big Bouddha, comme il l'appelait, lui proposa une marche jusqu'au sommet d'une montagne où il voulait lui montrer une chose très importante. Pendant toute la montée, le jeune Dan était heureux et motivé d'avoir comme objectif la découverte d'un secret.

Une fois arrivé au sommet, Big Bouddha lui montra une simple pierre ce qui mit le jeune apprenti en colère. Quand Big Bouddha lui demanda qu'elle était la leçon à tirer de cette aventure le jeune gymnaste compris qu'il avait été heureux pendant toutes les heures de la monté même si l'objectif n'était pas à la hauteur de ses attentes.

La leçon était que l'important est le chemin et non la destination. Nous avons déjà vu que le bonheur ne doit pas être un objectif, mais qu'il doit être le chemin. Être heureux ici est maintenant.

216 Résumé de la méthode de nettoyage des mémoires

- Votre mission est l'évolution.

- L'évolution est l'aptitude au bonheur.

- Pour y parvenir, vous devez vous libérer de ce que vous n'êtes pas.

- Vous n'êtes pas vos mémoires.

- L'ho'oponopono vous permet de vous libérer de vos mémoires pour accéder à la lumière qui est en vous.

- Vous êtes un être de lumière étouffé par vos mémoires.

- Plus vous effacez vos mémoires plus vous accédez à l'illumination.

- Plus vous accédez à l'illumination plus vous vous éveillez à la vérité.

- La vérité est le retour à l'unité de tout ce qui est beau, bon et parfait comme ce que vous pouvez imaginer du paradis.

- Vous voyez votre vie s'améliorer de plus en plus en fonction des mémoires dont vous vous libérez.

- Vous pouvez voir au-delà des apparences et de l'illusion.

- En acceptant à 100 % la responsabilité de la création de votre monde, vous prenez le pouvoir sur votre vie.

- En restant la victime des événements, vous remettez le pouvoir à ceux qui vous entourent.

- Il n'y a rien en dehors de vous qui soit étranger au reflet de votre être intérieur.

- Pour changer le monde extérieur, vous devez changer votre monde intérieur.

- Tout ce qui EST est toujours vous, sous une autre forme, avec un autre point de vue, mais avec une fréquence différente.

- Nous sommes tous reliés les uns aux autres et pouvons avoir une interaction depuis notre monde intérieur.

- Tout est impermanent, tout change en permanence, tout est énergie.

- Vous créez sans cesse l'instant d'après depuis votre moment présent.

- Le moment présent et le seul moment qui existe.

- Le passé et le futur sont des illusions créées par votre ego.

- Votre « pouvoir » et votre « non-pouvoir » naissent uniquement depuis votre instant présent.

- La respiration consciente vous permet d'accéder à votre instant présent par la relaxation.

- La relaxation permet d'ouvrir la porte d'accès à votre subconscient pour y adresser vos demandes.

- Votre subconscient est le véritable créateur de vote monde extérieur.

- En faisant une demande depuis votre ego vous obtenez ce que vous désirez, mais le résultat est imparfait et temporaire.

- En laissant choisir la partie dont vous n'avez pas conscience sans avoir aucune attente, vous ne connaissez pas la solution qu'elle va vous apporter, mais elle sera parfaite et éternelle.

- La méthode de l'ho'oponopono vous permet de laisser le choix à votre divinité intérieure des mémoires à effacer pour votre bien.

- Vous n'avez pas à savoir qu'elles sont les mémoires à effacer ni même quand celles-ci ont été créées, mais seulement à autoriser votre divinité intérieure à les effacer.

- Tout ce que vous avez à faire est de dire :

Divinité nettoie en moi ce qui contribue à ce problème. Puis de réciter le mantra : Je suis désolé. S'il te plaît pardonne-moi. Je te remercie. Je t'aime. Jusqu'à ce que vous sentiez la paix en vous en lâchant prise sur l'attente d'un résultat.

- Lorsque **la répétition aura rendu cette pratique automatique** vous pourrez dire simplement comme une litanie :

Désolé. Pardon. Merci. je t'aime

Merci. Je t'aime.

ou même simplement : **Merci**

217 Conclusion

Avec ce savoir, vous avez la possibilité d'atteindre un autre niveau de conscience. C'est une nouvelle étape dans votre évolution. Vous pouvez vous approcher très près des limites supérieures possibles dans cette dimension, mais sachez que votre évolution elle est illimitée.

De même que lorsque vous arrivez à l'horizon un autre horizon se dessine, et ceci sans fin. Lorsque vous arriverez à votre fin d'incarnation, une autre aventure se présentera à vous, car la mort n'existe pas. Cette nouvelle étape sera la continuité de votre évolution présente.

C'est pourquoi la chose la plus importante dans votre vie ne sont ni vos possessions matérielles, ni votre niveau social, ni votre richesse financière, mais plutôt **votre richesse intérieure qui est votre aptitude au bonheur**. C'est la seule chose que vous conservez de vie en vie. C'est pourquoi vous devez en faire votre priorité.

Emmet Fox disait que pour lui la chose la plus importante était la connaissance de Dieu.

Vous savez maintenant que ce « Dieu » est « VOTRE CONSCIENCE » dont vous ne percevez que le « pouvoir limité » de votre ego. Apprenez maintenant à connaître et à vous en remettre à votre « non-pouvoir illimité » qui provient de votre divinité intérieure.

Retenez avant tout que ce n'est pas le savoir qui rend libre, mais **la pratique du savoir**.

Vous détenez dorénavant une méthode simple et efficace vous permettant de vous libérer des chaînes créées par vos mémoires erronées.

Vous savez que vous avez toujours le libre choix, soit de résoudre temporairement vos problèmes avec votre ego, soit de demander à votre Divinité intérieure de le faire de façon parfaite et définitive.

Vous êtes la seule personne qui puisse réellement et définitivement faire quelque chose pour vous, car personne ne peut penser et avoir des émotions à votre place.

218 Personne d'autre que vous ne peut créer votre univers, car vous seul êtes le maître de vos pensées et de vos émotions. Fred Stanford

219 Retrouvez le « NON-POUVOIR » qui est en vous et devenez libre !

220 Divinité, nettoie en moi ce qui m'empêche de redevenir qui je suis. Désolé, pardon, merci, je t'aime !

Êtes vous sérieux ?

Nous vous posons cette question car nous avons conscience que certains d'entre vous vont aussi se poser la question au sujet d'informations contenues dans ce livre.

Avant de poser une opinion (qui est une mémoire) sur ces informations, avez vous vu les films documentaires conseillés comme Next, Lumiére, Les chévres du pentagone ou le Guerrier pacifique ?

Ou encore les Enquêtes Extraordinaires du journaliste Stéphane Allix et les expériences de Masaru Emoto concernant l'influence de l'esprit sur l'eau ?

Vous êtes vous informé sur les recherches quantiques dont nous avons fait état ?

Donnez-vous une véritable chance d'évoluer en cessant de juger (création de mémoires qui vous enferment).

Faite l'effort de vous informer sur les documents sus-cités et pratiquer les techniques pour constater par vous-même leurs éfficacités.

C'est votre joie, votre croissante et votre liberté qui sont en jeu.

Permetez-moi de vous souhaitez, donc à me souhaiter en tant qu'autre vous, tout le bonheur que vous méritez. Fred Stanford

221 Aidez vous en aidant les autres

Mise en pratique d'un des plus grands secrets :

Comment obtenir ce que vous désirez ?

Réponse :

En aidant les autres à obtenir ce qu'ils désirent

Soyez ce public enthousiaste !

Partagez ce livre autour de vous en envoyant le message en page suivantes à votre liste de contact et bénéficier d'une des lois de l'Univers les plus puissantes.

Il faut donner pour recevoir !

Plus vous aidez les autres à obtenir ce qu'ils désirent, en leur faisant connaître les lois universelles, et plus vous obtenez ce que vous désirez.

Plus vous aidez les autres,

plus vous vous aidez vous-même.

----

222 Message ci-dessous à envoyer à votre liste de contacts.

Plus vous aidez les autres à obtenir ce qu'ils désirent, en leur faisant connaître les lois universelles, et plus vous obtenez ce que vous désirez.

« Loi de cause à effet - Ce que vous faite aux autres vous revient »

***

Merci de faire passer ce message à votre liste de contacts pour qu'ils profitent de cette information importante.

***

Voici les secrets qu'Albert Einstein et les plus grands de ce monde ont utilisés pour obtenir tout ce qu'ils désiraient.

Enfin disponible pour tous :

Découvrez les lois Universelles permettant d'être, faire et avoir ce que vous désirez dans tous les domaines : Amour, argent, santé, carrière, paix de l'esprit et bien plus encore …

Ces lois Universelles sont désormais résumées avec des exemples et des témoignages dans deux livres sur Amazon :

Version numérique:
« Obtenez Tout Par la Pensée N°1 » =>
http://www.amazon.fr/dp/B00AD5O9CC

« Obtenez Tout Par l'Univers N°2 » =>
http://www.amazon.fr/dp/B00JER17I4/

Version papier :
« Obtenez Tout Par la Pensée N°1 » =>
http://www.amazon.fr/dp/1499147376/

Un de ces secrets est que, plus vous aidez les autres à obtenir ce qu'ils désirent, plus vous obtenez ce que vous désirez !

Partagez ce message avec le plus grand nombre et constatez par vous-même la puissance de ces lois :-)

Bonne lecture et bon succès !

----

223 Laissez votre témoignage

Si ce livre vous a plu, merci d'encourager l'auteur **à vous révéler encore plus de secrets** en laissant votre commentaire sur AMAZON en cliquant ou copiant le lien ci-dessous :

Laissez votre commentaire sur ce livre ici :

« Obtenez Tout Par l'Univers N°2 » =>
http://www.amazon.fr/dp/B00JER17I4/

----

224 Les secrets de bases

Si vous désirez découvrir les secrets qui vous permettent **de choisir vous-même** ce que vous désirez être, faire et avoir, vous les trouverez ici :

« Obtenez Tout Par la Pensée N°1 » =>
http://www.amazon.fr/dp/B00AD5O9CC

----

225 Comment nous contacter et augmentez vos revenus

Si vous désirez être tenu informé des nouveautés de la collection « Les Secrets Incroyables, Mais Vrais », ou obtenir des informations sur des conférences et séminaires de l'auteur,

envoyez vos coordonnées à l'adresse suivante :

Collection. Les Secrets Incroyables Mais Vrais

Courriel : collection.lsimv@gmail.com

Comment augmenter vos revenus ?

1) Organisez un événement (conférence, séminaire)

2) Devenez un leader en créant des leaders.

Voici trois propositions si vous désirez organiser dans votre région un événement :

- privé pour vos familles et vos amis chez vous

- professionnel pour tous dans une salle ou un hôtel

- spécifique pour créer des leaders de marketing de réseau (M.L.M)

1) Conditions et avantages relatifs à l'organisation d'un événement privé pour vos familles et pour vos amis chez vous :

Les conditions :

À partir de 7 participants payants en faisant la promotion de l'événement auprès de vos familles et de vos amis.

Vous organisez le logement de l'auteur chez vous, dans une chambre d'hôte ou dans un hôtel.

Vous organisez l'événement chez vous ou chez des amis.

Vos avantages :

- Vos familles et vos amis bénéficient d'une réduction de 20 à 50 % sur l'événement en fonction de la formule choisie*.

- Vous organisez un événement à moindres frais chez vous ou chez des amis.

- Vous bénéficiez, pour vous et une personne de votre choix participant à l'organisation, de la gratuité de l'événement.

- Vous côtoyez l'auteur et vous lui posez toutes vos questions.

- Un suivi vous permet d'atteindre vos objectifs beaucoup plus rapidement.

2) Conditions et avantages relatifs à l'organisation d'un événement professionnel pour tous :

Les conditions :

Avoir la capacité d'organiser un événement professionnel pour tous.

À partir de 20 participants payants (vous organisez la promotion de l'événement avec nos conseils)

Vous organisez le logement de l'auteur dans une chambre d'hôte ou dans un hôtel.

Vous organisez le lieu de l'événement dans une salle professionnelle prévu à cet effet.

Vos avantages :

- Vous apprenez une activité d'organisateur d'événements passionnante et rémunératrice.

- Vous bénéficiez, pour vous et une personne de votre choix participant à l'organisation, de la gratuité de l'événement.

- Vous côtoyez l'auteur et lui posez toutes vos questions.

- Un suivi vous permet d'atteindre vos objectifs beaucoup plus rapidement.

- Vous percevez de 20 à 50 % des bénéfices de

l'événement en fonction de la formule choisie*.

3) Conditions et avantages relatifs à l'organisation d'un événement spécifique pour créer des leaders en marketing relationnel (M.L.M) :

Les conditions :

Être membre d'un marketing relationnel (M.L.M.)

À partir de 7 participants payants (privé) ou de 20 participants payants (professionnel).

Vous organisez la promotion de l'événement au sein de votre réseau de M.L.M.

Vous organisez le logement de l'auteur chez vous (privé), dans une chambre d'hôte ou dans un hôtel (professionnel).

Vous organisez le lieu de l'événement chez vous (privé) ou dans une salle prévue à cet effet (professionnel).

Vos avantages :

- Les informations de cette catégorie peuvent être spécifiques aux marketings de réseau, car l'auteur est un spécialiste dans ce domaine.

- Vous bénéficiez, pour vous et une personne de votre choix participant à l'organisation, de la gratuité de l'événement.

- Vous côtoyez l'auteur et lui posez toutes vos

questions.

- Un suivi vous permet d'atteindre vos objectifs beaucoup plus rapidement.

- Vous alliez la force du M.L.M. avec la puissance illimitée des lois universelles.

- Vous percevez de 20 à 50 % de réduction pour vos familles et amis (privé) ou 20 à 50 % des bénéfices de l'événement (professionnel) en fonction de la formule choisie*.

- L'événement crée des leaders dans votre réseau (downligne) ce qui fait exploser vos revenus de M.L.M.

* Les différentes formules d'événements :

- Une conférence de 3 h sur une après-midi ou une soirée.

- Un séminaire de 6 h sur une journée.

- Un séminaire de 12 h sur 2 jours.

- Un séjour de 3 à 7 jours dans un lieu paradisiaque.

Valable pour tous pays (Traduction simultanée).

Organisation simplifiée pour les Pays francophones.

Merci de nous envoyer vos coordonnées par courriel pour connaître le fonctionnement sur :

Créez votre succès en créant celui des autres

L'expérience a montré que les transformations les plus spectaculaires ont lieu lors d'événements en "live".

Plus fort que les livres, plus puissants que les formations sur Internet, les vibrations (égrégores) dégagées lors de ces événements vécus en direct débloquent vos limitations et vous propulsent vers le succès.

Plus vous côtoyez des personnes en hautes fréquences et plus vos fréquences de bonheur et de succès augmentent.

N'attendez pas que les autres fassent quelque chose pour vous, mais faites quelque chose pour les autres et mettez en route une des lois universelles les plus puissantes :

Vous devez donner pour recevoir !

Plus vous aidez les autres à obtenir ce qu'ils désirent et plus vous obtenez ce que vous désirez !

En organisant un événement, vous aidez les autres à obtenir ce qu'ils désirent tout en vous aidant vous-même !

Constatez par vous-même la puissance de cette loi et

recevez ce que vous désirez dans votre vie !

Contactez-nous maintenant avant d'oublier !

Courriel : collection.lsimv@gmail.com

----

226 Descriptions du produit

227 Présentation de l'éditeur :

Il y a un secret dans le secret !

Après le succès de « Obtenez Tout Par La Pensée N°1 » voici « Obtenez Tout Par l'Univers N°2 » où l'auteur vous invite à une compréhension encore plus poussée des secrets de l'Univers vous permettant d'obtenir tout ce dont vous avez besoin pour être heureux.

Grâce aux secrets que contient ce livre, vous obtiendrez la méthode la plus simple pour obtenir une meilleure santé, retrouver un moral d'acier, attirer l'amour de votre vie ou construire votre richesse. En laissant l'univers choisir ce qu'il y a de mieux pour vous, vous obtenez toujours la perfection et l'essentiel : le bonheur !

Ce livre est destiné à ceux qui désirent changer positivement leur vie. Il vous explique le fonctionnement de l'univers et vous montre comment en tirer parti à votre avantage.

Des personnalités telles qu'Albert Einstein, Jules Verne, Henry Ford, Harvey Firestone ou Andrew Carnegie, l'homme le plus riche de la planète en son temps, ont réussi en appliquant ces mêmes lois universelles.

228 Biographie de l'auteur :

Fred Stanford est devenu un spécialiste des lois universelles. Très jeune il utilisa ses découvertes pour avoir une vie étonnante aux yeux de son entourage ce qui l'a conduit à voyager à travers la planète.

Jusqu'au jour où il fit profiter de son savoir à certains de ses amis qui eurent eux aussi des résultats extraordinaires. Leurs rêves devenaient réalités.

Voyant le bien être physique et matériel que ces secrets apportaient à leurs détenteurs, Fred Stanford décida qu'il était temps que tout un chacun puisse avoir accès à une vie plus riche dans tous les domaines, santé, paix de l'esprit, amour et abondance.

Cette richesse vous est maintenant accessible grâce à ce livre.

----

229 Témoignages des lecteurs

Ces commentaires font référence à l'ouvrage : « Obtenez Tout Par La Pensée N°1 » qui est l'introduction au présent livre « Obtenez Tout Par l'Univers N°2 »

Un véritable chef-d'œuvre.

Je tiens sincèrement à remercier l'auteur pour ce récit si explicite, sans fioritures. Il nous amène droit à l'essentiel, avec un vocabulaire accessible à tous, des exemples plus que concrets. Une étape fondamentale qu'est le nettoyage de ces mémoires avant d'accéder à nos désirs. Encore un grand merci et à quand le second ouvrage ??????

Laure

Tout simplement génial !

Bonjour,

Ayant lu bon nombre de livres sur le sujet, je pense qu'il est utile de souligner celui-ci, car il a déclenché des événements et des rencontres pour moi, ce lit facilement aussi court soit il, son contenu est une source d'inspiration à un bien être que recherche chacun d'entre nous.

Je recommande vivement ce livre, car de vraies révélations y sont dévoilées, pour en avoir fait l'expérience !

Et je remercie M. Stanford de nous apporter cette connaissance

Phildam

Après avoir vu le film"Le Secret",

Je cherchais exactement un ouvrage comme celui ci ! A la foi facile à lire et complet.

Il donne toutes les "clés"que l'on ne retrouve pas dans le film.
Merci à toi, Fred Stanford,de nous donner tous ces "secrets" qui peuvent maintenant m'ouvrir toutes les portes.
Après une mise en pratique très rigoureuse, j'ai déjà fait des "miracles" dans ma vie.
Encore MERCI et j'attends avec impatience le N°2.
Cordialement

Eddy

Dans ce livre tout y est expliqué simplement et clairement.

Qui plus est Fred donne des conseils pour appliquer la loi d'attraction. Tout avait déjà été dit oralement il y a pas longtemps, mais ça m'a fait un bien fou de lire ce livre et me remémorer tous ses conseils.
Je conseille ce livre à toutes les personnes souhaitant s'informer sur la loi d'attraction, vous aurez ainsi de bonnes bases pour la mettre en pratique. C'est LE livre à avoir !

Merci Fred et vivement la suite ! ...

Camelian

Bonjour, j'ai acheté ce livre car un ami m'en a parlé.

Je suis ravi de cette acquisition. Je le recommande et j'ai parlerai autour de moi.
SUPER LIVRE, Simple direct et pratique.
Olivier

Un de plus ?

Au premier abord, je me suis dit : un de plus sur la pensée positive, c'est court, un moyen pour se faire un peu d'argent.

Puis au fil des pages, la certitude de la cohérence de l'ensemble, l'auteur est honnête. Le livre est efficace, on sait où l'on va et ce qu'il faut faire. Après il est évident que personne ne fera le travail à notre place. Je vais le relire, le re-relire.

Yvon

Tout est dis !

Tout est expliqué ! une approche simple pour mettre en pratique avec efficacité !!! j'attends le prochain ouvrage avec impatience :)

Sandrine

Comment aller à l'essentiel ?

De multiples ouvrages évoquent le pouvoir de la pensée sur nos vies et notre environnement. Fred Stanford nous offre ici un magnifique raccourci de tout ce qu'il convient de faire pour que nos existences deviennent les plus agréables et les plus faciles à vivre. Tout est dit en quelques principes simples, percutants et pratiques. Mais l'on n'obtient rien en demeurant les bras croisés et après la lecture, et la relecture, il faut passer à l'application. Le bonheur est là ! Pourquoi ne pas le saisir ?

Bruno

230 Bibliographie

Voici les livres que nous vous conseillons pour parfaire votre évolution :

N'hésitez pas à étudier les autres ouvrages, pleins d'enseignements, des auteurs sous-cités.

« La loi d'attraction – Les clés du secret pour obtenir ce que vous désirez » de Esther et Jerry Hicks et Neale-Donald Walsh

« Le secret » de Rhonda Byrne

« La Clé pour vivre selon la loi de l'attraction » de Jack Canfield et D. D. Watkins

« La loi de l'attraction - sachez attirer ce que vous voulez plutôt que ce que vous ne voulez pas » de Mickaël J. Losier

« Le secret de la loi d'Attraction : Comment créer délibérément sa vie en 30 jours » de Marcelle Della Faille

« Vivre selon la voie la plus facile » de Mabel Katz

« Ho'oponopono – La paix commence à partir de vous" de Josaya

« Le grand livre de l'Ho'oponopono » de luc Bodin, Nathalie Bodin et jean Graciet

« Ho'Oponopono – La méthode des guériseurs

hawaîens » de Laurence Luyé-Tanet

« Zéro limite » de Joe Vitale et Ihaleakala Hew Len

« Le guide de l'EFT » de Gary Graig

« EMDR: The Breakthrough "Eye Movement" Therapy for Overcoming Anxiety, Stress, and Trauma Paperback » de Francine Chapiro

« Comment se faire des amis » de Dale Carnegie

« Réfléchissez et devenez riche » de Napoleon Hill

« Les Quatre Accord Toltèques » de Don Miguel Ruiz et Olivier Clerc

« Comment utiliser les pouvoirs du subconscient » de Joseph Murphy

« La Science de l'Enrichissement » de Wallace D. Wattles

« Il faut le croire pour le voir » de Dr Wayne W. Dyer

« Conversation avec Dieu » de Neale Donald Walsch et Michel Saint-Germain

« L'homme qui voulait être heureux » de Laurent Gounelle

« La Clé de la Maîtrise » de Charles F. Haanel et Marcelle Della Faille

« La Clé pour vivre selon la loi de l'attraction » de Jack Canfield et D. D. Watkins

« Stratégie de prospérité » de Jim Rohn

« Père riche, père pauvre » de Robert T. Kiosaki et Sharon I. Lechter

« La force est en vous » de Louise L. Hay

« La méthode Coué » de Emile Coué

« L'art de la guérison spirituelle » de Joël S. Goldsmith

231 Menu et révision

Ce menu indique non pas les pages mais un numéro de repérage devant chaque information importante.

1 Comment profiter de ces secrets ?

2 Bienvenue dans la découverte des secrets les mieux gardés de tous les temps.

3 Méthode d'apprentissage et de mise en pratique

4 La méthode d'étude est celle-ci :

5 Bienvenue dans le monde d'apprentissage des Maîtres !

6 Témoignages d'utilisateurs de ces secrets :

7 Une soirée barbecue sauvée de l'orage de grêle

8 Une panne de portail automatique résolue comme par enchantement

9 Des gains inattendus arrivent aux meilleurs moments

10 Il se protégé d'une mauvaise affaire qui fait faillite

11 Ils profitent de vacances plus longues et moins coûteuses

12 L'univers lui attire une maison à la campagne et paye ses factures.

13 Elle sort d'une dépression en comprenant le fonctionnement de l'univers

14 Elle arrête de fumer en quelques jours

15 Il évite de se retrouver à la rue et une opportunité financière se présente à lui.

16 Il passe de la colère à la bienveillance en quelques minutes

17 Sa maison est épargnée par un cyclone

18 Elle fait la pluie et lui le beau temps

19 Cela ressemble à de la magie, mais ce n'en est pas

20 Une tempête est déplacée de près de 1 000 kilomètres

21 Le chat sauvage qui devient beau et en santé

22 Elle attire plusieurs acheteurs pour sa maison

23 Il fait fuir le voleur à distance

24 Comprendre l'évolution pour comprendre

qui vous êtes

25 Vous êtes le créateur de tout ce qui EST

26 D'où venez-vous, qui êtes-vous, où allez-vous ?

27 Le voile de l'ego vous empêche de vous reconnaître en tout ce qui EST

28 Votre conscient et votre inconscient forment le TOUT

29 Nous sommes tous reliés les uns aux autres

30 La voyance est le ressenti de l'énergie en cours de création

31 Vous devez fournir 100 % de l'énergie nécessaire pour que votre création se manifeste

32 Trouvez le guide en vous

33 Le monde intermédiaire entre vos pensées et vos expériences

34 Pour changer votre avenir, changez votre état d'être

35 Offrez du bonheur à la vie et vous vivrez dans le bonheur

36 Nous sommes une conscience vivant sept milliards d'expériences humaines différentes.

37 Nous sommes tous UN

38 Ne fais pas aux autres ce que tu n'aimerais pas que l'on te fasse.

39 Fais aux autres ce que tu aimerais qu'ils te fassent.

58 Vous bloquez l'énergie en vous faisant du souci

59 Tout ceux à quoi l'on résiste persiste.

60 Votre ADN vibre en permanence

61 De la création consciente de l'ego à la création inconsciente

62 LE TOUT est le reflet de votre monde visible et invisible

63 La réunion des trois forme LE TOUT (l'univers, Dieu, la source)

65 Agir avec la foi c'est croire que vous serez sauvé avant même de voir si un filet vous retiendra.

66 Lorsqu'une porte se ferme, une autre s'ouvre

67 Ce qui s'efface en vous s'efface aussi chez l'autre

68 Un médecin traite ses patients par la force de l'esprit sans jamais les rencontrer.

69 La naissance de la dualité et de l'illusion

70 Lâcher-prise revient à remettre vos soucis à l'univers

71 Retrouvez la perfection qui est déjà en vous

72 Mieux vaut se sentir bien que d'avoir raison

73 La paix intérieure attire la paix extérieure

74 Il suffit de vous sentir bien pour de surcroît tout recevoir !

75 Votre BIEN-ÊTRE attire à vous des événements qui vous font vous sentir AUSSI BIEN.

76 Pourquoi avez-vous l'impression que cela ne fonctionne pas pour vous ?

77 Les étapes de votre évolution :

78 Explications des étapes de votre évolution :

79 Prenez conscience de l'imperfection de votre ego pour le lâcher

80 Être, faire et avoir tout ce que votre ego désire est seulement une étape de votre évolution

81 Acquérir les choses extérieures pour trouver le bonheur n'est qu'une illusion.

82 Vous n'avez pas à choisir consciemment les mémoires à effacer

83 Peut-on effacer toutes nos mémoires en une fois ?

92 Vous ne devez pas AVOIR pour ÊTRE, mais vous devez ÊTRE pour AVOIR !

93 Sentez-vous bien ici et maintenant et tout vous sera de surcroît accordé !

94 Vous avez le choix de faire perdurer ou de dissoudre les problèmes

95 C'est la fréquence vibratoire des mots, associée aux émotions, qui attire comme un aimant

96 Siddhârta Gautama se tourna vers son monde intérieur pour devenir un Bouddha

97 En faisant le vide en vous, la lumière (l'énergie pure) prend sa place

98 Vos ondes cérébrales imprègnent l'univers de façon instantanée

99 La véritable fonction du mental est de

choisir entre réagir ou lâcher-prise

100 Comment le subconscient travaille-t-il pour vous lorsque vous lâchez prise ?

101 Soit je réagis pour une résolution temporaire, soit je lâche prise pour une résolution définitive.

102 Le seul moyen de résoudre définitivement une situation est d'en effacer la cause.

103 Utiliser la réaction vous engage dans un processus cyclique karmique, alors que le lâcher-prise brise ce cycle et vous libère de l'illusion.

104 La différence entre ce qui vient des mémoires et ce qui vient de l'inspiration.

105 Nettoyer sans cesse vos mémoires est aussi essentiel que de respirer

106 Veillez et priez sans cesse !

107 Qu'est-ce qui facilite ou bloque l'inspiration ?

108 Exemples de ce qui facilite l'inspiration :

109 Exemples de ce qui bloque l'inspiration :

110 Videz votre sac à dos pour mieux progresser sur votre chemin de vie

111 Votre ego va réagir, car il ne veut pas mourir

112 Reposez-vous, mais n'abandonnez jamais et la victoire est certaine !

113 Reprenez le pouvoir en acceptant à 100 % la responsabilité de votre vie

114 Libérez-vous de vos croyances, opinions,

peurs et attachements en faisant le vide.

115 Ne vous comparez pas aux autres

116 Commencez toujours par vous-même et irradiez de bienveillance autour de vous.

117 Ne confondez pas permettre et tolérer

118 Impatience et attente sont aussi des mémoires

119 N'est prisonnier que celui qui le croit

120 Votre véritable mission

121 La peur de l'inconnu vous empêche de lâcher-prise

122 Simplifiez votre vie en vous en remettant à votre partie inconsciente

123 Victime, bourreau et sauveur tous en UN

124 Et si tout n'était qu'un grand rêve et que la mort n'existait pas !

125 C'est la conscience qui crée les forces donnant forme à tout ce qui EST

126 Conscient et inconscient forment le TOUT

127 Voyez-vous en TOUT ce qui EST

128 Le bonheur c'est ici et maintenant

129 Accédez à l'instant présent pour accéder au bonheur

130 Celui qui a raison est toujours celui qui se sent bien

131 Remplacez le travail par une passion

croyance, sans attente, sans mémoire apporte la paix.

141 L'homme vaut par ce qu'il est. Pas par ce qu'il a.

142 L'amour agit sur vos problèmes comme la lumière sur l'obscurité

143 La peur paralyse, la respiration consciente vous libère

144 Charité bien ordonnée commence par soi-même

145 Différence entre envie, vouloir, besoin et il faut que

146 L'action doit se faire dans la joie, non dans la culpabilité

147 Le yo-yo des affaires

148 Nettoyez vos aimants pour retrouver la perfection

149 Nettoyer vos mémoires au lieu de leur réagir est le plus court chemin vers la perfection.

150 Destin et libre choix

151 Comment faire coexister les deux principes paradoxaux destin et libre arbitre ?

152 Vous naviguez dans l'univers des potentialités

153 Ressentez dans l'instant présent l'émotion de ce que vous désirez voir apparaître dans votre vie.

154 Vous devez voir au-delà des apparences pour élever votre conscience

155 La folie selon Albert Einstein

156 Soyez le changement que vous voulez voir apparaître dans le monde

157 Vous ne devez pas voir la vie telle qu'elle est, sinon elle va perdurer. Mais vous devez voir la vie comme vous aimeriez qu'elle soit et elle le deviendra.

158 Vos ancêtres vous ont transmis vos mémoires

159 Vous êtes l'auteur et le lecteur de ce livre

160 L'évolution est l'aptitude au bonheur.

161 De l'extérieur à l'intérieur, changez pour de l'intérieur à l'extérieur !

162 Dans quel monde désirez-vous vivre ? Le monde de la concurrence ou celui de la création ?

163 Votre subconscient ne fait que confirmer ce que vous pensez

164 Vous voyez en l'autre ce qui se passe en vous

165 Sentez en vous ce que vous aimeriez ressentir chez les autres

166 La seule chose qui soit permanente est l'impermanence des choses

167 « Quand ça n'avance pas, ça recule ! »

170 Décidez de vous libérer de vos mémoires erronées** pour qu'elles ne vous tiennent plus en esclavage dans l'illusion.

171 La meilleure façon de retrouver l'harmonie c'est de TOUT aimer

172 Se sentir bien est la chose la plus importante.

173 Décidez d'être heureux, car c'est bon pour la santé.

174 Le BIEN-ÊTRE est plus fort que la raison.

175 Les étapes vers un bonheur permanent

176 Votre état naturel est le bonheur

177 se concentrer sur l'instant présent est-il une perte ou un gain de temps ?

178 L'internet universel vous permet de communiquer avec tout ce qui EST.

179 Tout est possible à celui qui croit

180 Appliquez l'amour inconditionnel est l'acceptation sans attachement, ni attente.

181 Changez vos fréquences avant d'entreprendre une nouvelle relation amoureuse

182 Aimez-vous et aimez les autres si vous désirez que l'on vous aime

183 Ce qui semble être le « hasard » est la réponse à vos fréquences vibratoires.

184 La météo est créée par la moyenne des pensées et des émotions de la population.

185 Épargné au beau milieu d'un cyclone

186 Comment faire la pluie et le beau temps ?

187 Ne faites jamais de démonstration pour éviter les retours énergétiques

188 Rien ne se crée, rien ne se perd, tout se transforme - Une tempête est déplacée dans un autre pays.

189 La nature vous rapproche de la source de toute vie

190 Retrouver l'énergie de la nature qui vous aidera à vous libérer.

191 Prenez du temps pour faire ce qui vous plaît

192 Divinité nettoie en moi ce qui m'empêche de trouver la passion qui me rend financièrement libre : Désolé. Pardon. Merci. Je t'aime.

193 Vous ne devez pas avoir des raisons de vous sentir bien, mais vous devez vous sentir bien sans raison.

194 Vous sentir bien sans raison attire à vous des raisons d'être bien !

195 Un chat vient ronronner vers nous comme pour nous remercier

196 Faites confiance à votre ÊTRE INCONSCIENT pour résoudre DÉFINITIVEMENT ce que votre ÊTRE CONSCIENT ne peut résoudre que TEMPORAIREMENT.

197 Du « pouvoir » du conscient au « non-pouvoir » de l'inconscient.

198 Au lieu de décider ce que vous désirez avec votre ego, demandez à votre moi intérieur de choisir la solution pour vous.

199 Lâchez le « pouvoir conscient de l'ego » insignifiant et temporaire pour laisser la place à votre « non-pouvoir inconscient du moi profond » infini et éternel.

200 Comment se concentrer au moins 17 secondes pour attirer un miracle ?

201 Deux propositions d'achats pour sa maison

202 Mozart avait les mémoires du virtuose en arrivant dans son incarnation

203 Il peut ainsi avoir des mémoires positives telles que :

204 Il peut aussi avoir des mémoires négatives qui induisent :

205 L'attitude est comme la voile du navire qui vous permet d'avancer

206 Vaccinez-vous à l'ho'oponopono pour éviter préventivement les problèmes.

207 Préparez chaque activité ou moment de votre journée pour qu'il se passe bien.

208 Nettoyez le monde depuis votre fauteuil

209 Faites que l'ho'oponopono devienne aussi naturel et automatique que votre souffle.

210 Le souffle c'est la vie et l'ho'oponopono vous la rend belle

211 Votre objectif doit être de trouver la paix en vous pas de trouver une solution.

212 Votre rôle est de trouver le bien-être en vous. Le rôle de l'univers est de vous apporter la solution.

213 Faites votre part du chemin en vous sentant bien et l'univers répondra sous la forme du « hasard »

214 La psychothérapie est-elle une bonne solution ?

215 Que la force soit avec toi

216 Résumé de la méthode de nettoyage des mémoires

217 Conclusion

218 Personne d'autre que vous ne peut créer votre univers, car vous seul êtes le maître de

vos pensées et de vos émotions.

219 Retrouvez le « NON-POUVOIR » qui est en vous et devenez libre !

220 Divinité, nettoie en moi ce qui m'empêche de redevenir qui je suis. Désolé, pardon, merci, je t'aime !

221 Aidez vous en aidant les autres

222 Message ci-dessous à envoyer à votre liste de contacts.

223 Laissez votre témoignage

224 Les secrets de bases

225 Comment nous contacter et augmenter vos revenus

226 Descriptions du produit

232 Rappels importants

Plus souvent, vous lisez ce livre, plus vous augmentez votre fréquence vibratoire, et plus vous accédez à de nouveaux niveaux de compréhension.

Après avoir pratiqué les techniques enseignées dans cet ouvrage, lisez-le de nouveau et découvrez des secrets comme s'ils n'étaient pas là à la lecture précédente.

Ayez toujours ceci à l'esprit :

Plus vous partagez avec les autres ce qui vous rend heureux et plus vous serez heureux. Fred Stanford

Livres d'évolution à partager :

« Obtenez Tout Par la Pensée N° 1 » =>
http://www.amazon.fr/dp/B00AD5O9CC

« Obtenez Tout Par l'Univers N°2 » =>
http://www.amazon.fr/dp/B00JER17I4/

" Météo – Comment changer le temps grâce à la puissance de votre subconscient"

Posez votre candidature pour vivre et faire vivre un événement extraordinaire dans votre région :

Améliorez votre vie en améliorant celles des autres !

Contactez-nous maintenant sur cette adresse

=> Courriel : collection.lsimv@gmail.com

et donnez des couleurs à votre vie !

15 / août 2014 — Barcelone 8 — 8:30
G Said go clef

‖‖‖‖‖‖‖‖‖‖‖‖‖‖‖
34102541R00134

Made in the USA
Lexington, KY

9 août 2014 7:45 Dinny Table 112 / 30 24 July 2014